了解日常預兆讓你親手掌握命運！

決定版 幸運を招く！ 鏡リュウジの予兆【サイン】事典

預兆教科書

運用 900 個日常「預兆」揭示未來

Bring good luck

Kagami Ryuji Encyclopedia of Sign

鏡龍司 —— 著

歐兆苓 —— 譯

引領你敲響幸運之門的預兆

　　請你試著想像一下：開學初次踏進校門的瞬間、準備前往新公司報到的早晨，或是結婚當天在前往會場的路上，抬頭望見的萬里晴空。

　　如果此時有一道光彩奪目的巨大彩虹高掛空中，你一定會在心中感嘆：「哇！真是個好的開始啊！」並且深信這樣的幸福將會一直延續下去，我想即使是平常完全沒有接觸占卜或魔法的人，一定也會有同樣的想法，還真是奇怪。

　　天上的彩虹是由陽光的照射與空氣中的小水滴交織而成的物理現象，這個常識現在連小學生都知道。

　　就職或結婚等人生大事，這些與發生在大氣層的物理現象沒有任何因果關係，就連古人也深知這個道理，我們卻還是會不由自主地把彩虹當成指引幸福未來的「sign」（預兆）。

　　這種思考模式源自於人類的深層心理，即使沒有特別翻開記錄萬物象徵的經典名著——格楚德喬貝斯（Gertrude Jobes）的《神話、民間信仰與象徵辭典》（Dictionary of mythology, folklore and symbols，一九六二年），看到書上

說：「彩虹自古就被當作神祉、希望、和平與救贖的象徵」，自然而然也會把出現在重要時刻的彩虹當成好兆頭。

我們的心天生就會接收到來自世上萬物的訊息，然而這些訊息有時卻隱晦難測。本書追溯歷史悠久的古老傳承，透過現代的觀點重新詮釋，並蒐集各種線索爲發生在生活周遭的預兆做出解釋。

你偶然看到、聽到或感受到的事，也許正代表幸福的未來或危險的警訊。僅獻上本書，希望它能成爲爲你們照亮明日的良師益友。

Ryuji Kagami

目次

Contents

第2章　預兆關鍵字事典
～解讀訊息的線索～·····················037

序章
Prologue

發現來自未來的預兆

側耳傾聽來自各處的「訊息」

「映照在眼中的一切都是訊息。」（《若被溫柔包圍》）相信你一定也聽過由創作歌手松任谷由實所唱的這句歌詞。

我認為這句話是體現占卜及預兆的最佳寫照。

沒錯，把世上發生的一切當成訊息，是我們每個人與生俱來的能力，想想〈前言〉所例舉的彩虹，應該就懂我的意思了吧？

儘管從科學的角度來看，這些不過是迷信或穿鑿附會，明明心裡很清楚，卻還是會下意識地將彩虹視為祝福，這或許算是人類的本能吧？而且神奇的是，這些預感經常「一語成讖」。

若要解釋其中的道理，那才真的是眾說紛紜。其中最無聊的一種說法認為，預兆完全是當事人自作多情，因為只記得「預感成真」的體驗，才會讓這種迷信流傳至今。

另一種說法則認為，我們擁有目前還無法用科學解釋的「第六感」，能夠在潛意識裡感知到未來的預兆。

更有人相信心理學家卡爾·榮格（Carl Gustav Jung）所提出的「共時性」（synchronicity）確有其說，「有意義的巧合」其發生機率，其實高得超乎想像……。

然而「預兆」的運作機制其實尚未被完全破解，我當然也不打算煞有其事地將自己不清楚的事情傳遞給各位。

我只不過是想要向各位介紹一種自古流傳的觀點，不是因為它是對的，而是因為它是前人絞盡腦汁對世界所做的詮釋，而且我覺得這些詮釋非常優美。

這種觀點叫作「simpatía」，翻成中文是「共鳴」。你想的沒錯，這個字和現在英文的「sympathy」出自同一個語源。

這個字是「共同（sim）發生／接受（patía）」的意思。

除了單純的因果關係之外，這個世界——這整個宇宙都因為錯綜複雜的隱形網絡緊密相連，即使互無因果關係，具有相同意義的事物也會在世界上產生共鳴，並且在同樣的時間點發生。

十五世紀佛羅倫斯的哲學家馬爾西利奧·費奇諾（Marsilio Ficino）曾說：「看見正在哭泣的小女孩，難道不會不自覺地悲從中來嗎？」他的意思是，就算不知道小女孩為何傷心，只要看著她，我們的心就會與她同步，引發共鳴，進而產生「sympathy」，而同樣的現象也會發生在世界與人心之間。

這種概念後來發展出名為「萬物照應」（correspondence）的世界觀，認為作為「小宇宙」的人類和人心，與「大宇宙」極為相似，兩者像照鏡子般投射出彼此的模樣。

占星術以及所有占卜的基本概念，是認為世上發生的一切都會彼此呼應。

換句話說，所謂的「預兆」是你的心和外在世界產生「共鳴」而出現的產物。

自然預兆／人為預兆

眾所皆知，東方世界將占卜分成「命、卜、相」三種，分別是四柱推命等，以生辰年月為依據的「命」術、《易經》等出自機緣巧合的「卜」術，以及手相、面相等「相」術。

另一方面，西方世界將占卜分成兩種類型，由羅馬哲學家馬庫斯·圖利烏斯·西塞羅（Marcus Tullius Cicero）提出（但西塞羅本人卻對占卜抱持批判的態度……）

傳統上，西方將占卜分成「自然占卜」（natural divination）以及「人為占卜」（artificial divination），這種分法也同樣適用於預兆。

「自然占卜」是根據世界主動提供的預兆占卜吉凶，像夢境占卜（預知夢）就是一個典型的例子。一般來說，人無法自己決定作夢的時間和內容，我們會在意想不到的時候夢到意外之事，並試圖發掘其中的涵義；又或者是突然現於空中彩虹、劃過天際的流星，天上眾神有時會直接或透過言語、幻象傳遞訊息。

這些自古被視為來自眾神的直接神諭，以及本書中的「預兆」大多都屬於「自然預兆」（natural sign）。

　　自然預兆的確所向披靡且精確無比，然而它有一個弱點，就是當我們遇到困難時，這些預兆未必會及時出現。

　　於是人們開始開發以人為方法取得預兆的技術——是的，我說的正是「人為占卜」。

　　歸納星星的移動法則找出預兆的是占星術；擲骰子看點數的則是骰子占卜。

　　占星術、塔羅牌以及手相等等，目前絕大多數的「占卜」都屬於人為占卜。本書介紹的內容除了自然預兆之外，在第3章還有可以讓你救急的「人為預兆」（artificial sign）。

　　接下來，我們即將進入正題。請摘下科學理性的眼鏡，換上解讀古老預兆的魔法眼鏡，一起去尋找能帶領你邁向幸福未來的預兆吧！

　　首先，我會先介紹比較容易獲得預兆的情境。接著，請你在確認本書的使用指南之後，查詢每一種預兆所代表的暗示，並將其作為開啟幸運之門的鑰匙。如此一來，你一定就能看見通往理想未來的道路了！

序章／發現來自未來的預兆

容易獲得預兆的情境

Situations easy to obtain sign

✳ 黃昏（薄暮）時分

在「時間交界」發現的預兆多半具有重要涵義，尤其即將從白天進入黑夜的黃昏是最容易出現預兆的時段。黃昏在日本又名「逢魔之時」，特別容易發生神祕異事；而在五節句（即一月七日的「人日」、三月三日的「上巳」、五月五日的「端午」、七月七日的「七夕」和九月九日的「重陽」等五個代表季節交替的節日）或生日等重大節日也很容易接收到至關重要的預兆。

✳ 旅行前夕

人在介於日常與非日常之間的旅行前夕對預兆的感覺特別敏銳，收行李時一個偶然的發現，或是出發當天一早看見的東西，也許都代表某種重要的啟示。此外，在旅行途中也很容易發現可以為日常生活增添好運的預兆。

✳ 婚禮前夕

從一個人的人生變成兩個人的人生，站在這條人生最粗的界線上，可以清楚看見通往幸福未來的提示。另外，預兆也經常出現在別人的婚禮前夕，前往朋友結婚會場途中的景色，以及當天久別不見的朋友所說的話都是有意義的。

✳ 討論要事時

為了做出某種改變而進行討論的時間是「過去」和「未來」的分歧點，這裡藏著重要的啟示。在會議上響起的手機鈴聲或警笛聲代表某種警告，如果有在意的事情應該要馬上釐清並擬定對策。

✳ 穿越路口時

路與路的交會之處也稱得上是預兆的寶庫，尤其要把握在行人保護時相穿越路口的時機，當時看到的東西或聽到的聲音有什麼涵義？也可能是路人談話中藏著祕密。仔細聆聽，你一定可以從中獲得靠近好運的線索。

✳ 走過路橋時

橋上以及橋的兩端是最容易發現預兆的地方。雖然現在亦是如此，在江戶時代，許多算命師喜歡在橋附近做生意，也就是所謂的「辻占」（辻：指十字路口或人來人往的道路）。因為這裡同時也是連接陰陽兩界的橋梁，充滿了神祕的能量。請記得重要的訊息會在此處降臨。

本書的使用指南

How to use

☑ 感知到偶發預兆時

第1章 自然預兆（P25～）

第2章 預兆關鍵字事典（P37～）

　　第1章〈自然預兆〉將介紹偶發預兆的典型例子，第2章〈預兆關鍵字事典〉則會告訴你各種人、事、時、地分別代表什麼暗示。請用筆畫（目次／P5～）或分類索引（P172～）查詢出乎意料或讓你特別在意的事物，這樣應該就能知曉其中的涵義，並獲得帶來好運的線索。

☑ 想主動尋求預兆時

第3章 人為預兆（P131～）

　　把迷惘或煩惱的解答交由「偶然」決定往往能獲得好的結果，因此我們可以用某些方法主動尋求「偶然」，而這些方法其實正是包含占星術在內的「占卜」。本書採用可以得出十六種結果的「地占術」，參考第3章應該能幫助你在愛情、事業等各方面做出正確的選擇。

傳遞預兆並指點迷津？

三叉路的女神黑卡蒂

暗中指引人類獲得好運的女神

所謂的預兆相當於來自未來的訊息。那麼，是誰把這些訊息告訴我們的呢？儘管無法一概而論，但也許操縱魔法的黑夜女神黑卡蒂是其中一個答案。

黑卡蒂掌管「直覺」，這是全知全能的天神宙斯特別賦予祂的神力，神祕的祂用這股力量，向人類傳遞獲得好運的訊息，更與占卜及魔法的歷史息息相關。

了解黑卡蒂的神話或傳說可以提升直覺，並擁有容易發現預兆的體質，請你一定要查查看相關資料喔！

黑卡蒂會在哪裡現身？

每當黑夜降臨，黑卡蒂會帶著狗，出現在三叉路、十字路等前面說過較容易獲得預兆的各種路口。擁有三張臉的祂會透過過去、現在、未來三種觀點，賜予我們幸運箴言。

自然預兆
Natural Sign

～偶發事件的暗示～

自然預兆會告訴你
通往好運的捷徑

　　本章將根據暗示的內容分別介紹各種不同的自然預兆，但這些只不過是其中的一小部分。世界上的預兆多如繁星，例如偶然發生在你眼前的現象，或是某個讓你很在意的事物，詳細內容請參考第2章〈預兆關鍵字事典〉（P37～），本章僅示範該如何解釋你查到的結果。

　　比方說，在某個爽朗的早晨，你拉開窗簾，望向陽台，剛好看見一隻小鳥拍著翅膀飛了下來。

　　這時，請趕快翻開「小鳥」（P39）那一頁，你會發現上頭寫著：「代表好運降臨的預兆，尤其可能會在愛情方面遇到很棒的事。」

　　多麼令人開心的消息啊！不過，與其只讓預兆內容影響情緒，不如將其活用在日常生活會更有效果；如果今天有機會展開新戀情的話，比平常更用心化妝或穿著打扮，會讓可能性大大提升喔！

不過，解讀自然預兆的時候要注意兩件事：

第一，要將解釋帶入自己的情況。舉例來說，就算查到的答案是「與夥伴（另一半）發生衝突」，也會有實際上跟對方相處融洽的情況。所謂的「夥伴」不一定是指情人或配偶，也有可能是生意上的合作對象，或一起從事運動愛好的搭檔，而這個預兆是告訴你，你可能會與這些人當中，實際出現些微異狀的對象發生衝突。

第二，不要把所有事情都當成預兆。請針對「偶然」發生的事情追究真義，日常瑣事或不值得在意的事物並不具備重要訊息。

反之，若事情發生在容易獲得預兆的情境（P20～）或各星座容易獲得重要預兆的時刻（P128～），請務必參考。

只要正確並有技巧的解讀自然預兆，相信你一定能找到通往幸福未來的捷徑！

幸運的預兆

A sign of fortune

✳ 看見流星！

暗示你可能會得到理想的環境或夥伴、和心儀對象終成眷屬、收到求婚、遇到升遷機會或受到其他公司的挖角。無論做什麼都有好運眷顧，積極採取行動，更好的生活正在向你招手。

✳ 割到手……

意外地代表好運降臨的吉兆，血液的汰舊換新會為事情帶來新的走向，如果愛情或事業不順，這是發現轉機的前兆；如果都很順利，則暗示會再往上提升一個層級，像是從情侶變成夫妻這種更進一步的發展。

✳ 到養烏龜的人家中作客

即將達成目標，可能是在工作上做出成果，或是與苦心經營關係的對象修成正果，另外也暗示考試或試鏡會有好的結果。巨大的幸運已經近在眼前，要小心直到最後一刻都不能鬆懈。

✳ 超商店員多給了幾支湯匙

「舀起」意外幸運的吉兆，可能會有出乎預料的好運，例如額外的收入或重新挑戰的機會等等。垂頭喪氣會害你錯失寶貴的機會，不如用積極的態度面對每一天，光是這樣就會大有收穫。

愛情的預兆

A sign about love

✳ 眼前有小鳥飛落地面

暗示你即將展開新的戀情，還沒有對象的人會有一場美麗的邂逅，已經有心儀對象的人會迅速與對方拉近距離。外出時如果可以比平常更用心妝扮自己，命運的時刻將會提前到來。

✳ 收到高級化妝品

即將迎接人生的桃花運全盛時期，別把所有時間都浪費在工作上，請積極前往交際場所，現在的運氣會助你百戰百勝、無往不利；本來只是同事或朋友的異性也有可能會向你示好。不好好把握這個機會，將來可能會後悔莫及。

✳ 店員送來自己沒有點的柳橙汁……

擺脫昔日戀情的預兆，可能會遇到從失戀中振作的契機，或是比前男友／前女友更讓你傾心的對象，讓你懷疑自己以前為什麼要這麼煩惱的幸福正在前方等著你，別低著頭，看看旁邊，那個人或許意外就在你身邊。

✳ 表演跳舞作為餘興節目

暗示身邊的人覺得你性感迷人，有機會品嘗成熟戀愛的滋味，也許會發生一夜情，或是浮現橫刀奪愛的想法……。對已經有對象的人來說，這是脫離倦怠期的預兆，你們會因為某件事重新確認彼此的感情，所以先別急著分手。

工作的預兆
A sign about work

✳ 被蜜蜂螫傷

在提出的企畫案或被交付的工作上展現超乎實力的成果，別理會周圍的雜音，相信自己，放手去做吧！可能會得到前所未有的好成績，或是因爲升遷或符合期待的職務異動嘗到甜頭，而有機會成爲讓其他人另眼相看的角色。

✳ 冷氣故障

可能會在意想不到的地方被挖角，像是來自不同業種的邀約，或是原本只當成興趣的事情，在受到表揚後變成正式工作。此時宜大膽挑戰，這是未來已經掌握成功的你所發出的邀請函。

✳ 唱卡拉OK時拿到麥克風

這是愈積極愈容易得到好評的預兆，就算是和工作沒有直接相關的想法或特技也沒關係，儘管放手表現吧！此時有機會得到他人的認同，或出現改革的趨勢，也會得到可靠的盟友，尤其在接觸上司時要特別積極，有可能會影響到升遷或獎金考核。

✳ 突然嚇了一跳

跟收入或地位相比，你更重視「成就感」，也許會因此考慮換工作或獨立創業。可能會和「幫助他人」的工作很有緣，現在你腦中浮現的想法擁有讓人們展露笑顏的力量，不要猶豫，付諸實行吧！

金錢的預兆
A sign about money

✳ 看到別人再添一碗飯

財運興旺，感覺什麼都不做也會有源源不絕的錢滾進口袋，有機會獲得額外的進帳或昂貴的禮物，此時大膽開口要求會有很好的效果，賭運也很強。態度愈積極，錢包愈飽滿。

✳ 拿到邊緣有刻印的十元硬幣

拿到邊緣有無數刻印的十元硬幣（日本在一九五一～一九五八年發行的十元硬幣，邊緣有防偽刻印，簡稱「刻印十元」）是一種吉兆，代表會遇到升遷機會、業績一飛沖天，或是找到條件很好的新工作。與其存錢，不如優先花錢提高生活品質，內心才有餘力承擔其他事物。

✳ 在開會時無意識地翹腳

暗示會有新的收入來源，例如投資或經營網購等副業獲利，或是把興趣變成正職增加收入，發揮出乎意料的才能。但如果翹腳遭到他人糾正則要特別小心，這是「避免做決定」的警訊。

✳ 撿到發票

可能會發生與金錢有關的糾紛，建議暫時不要購買高價的東西或簽約。同時也暗示會增加多餘的開銷，甚至可能等到發現時，存款餘額突然少了一個零……。記得這是上天在警告你要看緊荷包。

人際關係的預兆
A sign about relationship

✳ 店員是認識的人

如果是交情好的人，暗示人際關係會很順遂，一言一行比平常更容易被善意解讀；另一方面，如果和對方交情很差，則可能會有人在背後說你的壞話，現在宜靜觀其變，謠言不久便會不攻自破。

✳ 種植仙人掌

警告你所隸屬的團體內部會發生爭執或衝突，比起當事人，更有可能擔任居中調停的角色。重點在於拋開成見，乍看像是被害者的人也有可能是加害者，偏頗的意見可能讓你也失去他人的信賴，此時需謹慎行事。

✳ 拿到餐廳的湯品兌換券

可能因為某件事而大受歡迎，也許是在公司的活動上受到矚目，或是一個貼心的小舉動成為大家津津樂道的話題。即使是偽善也好，你的所有「善舉」都會打動人心，趁現在提高好感度，讓未來的自己輕鬆一點。

✳ 結識政府官員

暗示將會有一段冷淡的關係，或許你會覺得這種適當的距離很舒適，但也有可能面臨難以真心相待的兩難局面。只要主動踏出一步，對方也會卸下心防，主導權就掌握在你的手上，不如勇敢縮短彼此的距離吧！

身體的預兆

A sign about body

✳ 起床時聽到烏鴉的叫聲

代表生病或受傷的凶兆，今天可能會遭遇意外事故，出門記得隨身攜帶藥品。此外，做事情的效率會比平常還低，比起積極作為，小心避免犯錯反而會有比較高的生產力。

✳ 意外地跑了一身汗

即將康復的徵兆，有機會獲得「專心療養」的時間，例如充分的休息或是技術很好的按摩店；另外也暗示你的擔憂只是杞人憂天，也許再檢查一次會發現一切正常，不如放下心中的大石頭，用積極的態度迎接每一天。

✳ 家附近蓋了新的醫院

看到醫院的機會變多，可能會讓身心累積一些疲勞，這是要你好好休息的預兆，勉強硬撐最終可能會演變成必須長期離開崗位的局面。即使是一整天待在家裡無所事事也沒關係，重點是要打斷過快的節奏。

✳ 有人對你傾訴煩惱

暗示精神狀況會變得不太穩定，可能是身邊發生的事情讓你大受打擊，或是因為重大社會事件而心生動搖。不過這些對你的生活其實並沒有太大影響，不需要過度感傷，可以多欣賞充滿正能量的音樂或影片。

困境的預兆
A sign of trouble

✳ 救護車停在附近

可能有人會求助於你，得知「令人意外」的消息，例如原以為感情和睦的夫妻來找你商量離婚的事；反之也可能是好的意外，像是伺服器因為大量湧入的訂單而發生故障，耳邊似乎能聽見充滿喜悅的歡呼聲。

✳ 剛好看到電視劇裡的角色被刺傷……

一直陪在你身邊的人突然前往遠方的預兆，可能是被另一半提出分手，或是敬愛的上司遭到調職。失落感可能會使你迷失自我，建議此時先將目光放在出現的人而非離開的人身上，你將會發現自己並沒有失去什麼。

✳ 收到人魚造型的物品

此時可能會自暴自棄地與人發生衝突，但你感到自卑的地方並不特殊，對方其實也有同樣的煩惱。記得，自顧自地貶低自己，用「我這種人」製造隔閡，其實跟居高臨下地用「不要把我跟你混為一談」劃清界線是一樣的。

✳ 找不到電視遙控器

代表家庭或經常參與的團體等「舒適圈」內部遇到難題的預兆，例如育兒或老人照護的問題，或者是同好會的存亡危機等等，有很高的機率是無法馬上解決的程度。別讓當事人自己想辦法，宜尋求專家或第三方的意見。

轉機的預兆

A sign of turning point

✳ 穿新鞋

暗示停滯不前的日子宣告終結，大好機會即將降臨。可能會與崇拜的對象變得很親近，或是企畫案終於如願通過審查，類似「打進決賽」的感覺。開始受到運氣的加持，只要態度積極，不管做什麼都會有好的結果。

✳ 看見婚禮的場景

暗示會拋開成見，大膽進行各種嘗試。像是習慣用手帳的人因為用了最新的手機APP，一口氣大幅提升效率一樣，同時戲劇性的變化也會發生在你的身上。和處不來或想敬而遠之的對象聯手，可能會為彼此帶來龐大的利益。

✳ 掉牙／缺牙

人生的「基石」面臨崩盤，可能會不得不中止或變更長期計畫，這時，你才發現自己原來還有其他的選項。其實這是一個超越過去的想像，踏上嶄新道路的大好機會。

✳ 上班經過的路在施工

開始考慮搬家或改變裝潢的預兆。內心充滿對新世界的嚮往，強行改變環境有機會讓當前的問題歸零重來。現在做決定應該能在新天地遇到很棒的對象或取得成功，宜前往陌生的土地或更換全新的房間格局。

第章

預兆關鍵字事典

Encyclopedia of Sign Keyword

—◈——————◈—

～解讀訊息的線索～

【 一畫 】

一對

例如……
- 和別人搭檔組隊
- 收到杯子和茶托這種兩兩成套的東西

命中注定的人正在向你靠近的預兆。對方可能是會和你白頭偕老的另一半，又或是會和你一起掌握成功的商業夥伴。無論是哪一種，你的主動進攻都會是讓你們產生交集的關鍵。

【 二畫 】

刀劍

例如……
- 出現在奇幻電影
- 發現持劍的浮雕或石像

發生衝突的預兆，尤其被刀劍刺傷的場景暗示重要的人將會離你而去，如果不想失去對方，請事先在腦內模擬各種可能發生的情況，「進」比「退」更有效。

十字路口

例如……
- 在十字路口被問路
- 走在道路呈現棋盤狀的城市
- 撞到迎面走來的人

在危機中出現一線曙光的吉兆。原本以為大勢已去，沒想到卻有意外的對象伸出援手或發生大反轉，應該能從中學到「堅持到底才是最大贏家」的人生哲理。

人魚

例如……
- 看到人魚的卡通人物
- 看見人魚相關產品
- 夢到人魚

可能會對某件事產生自卑感。不要急於抹滅它，而是想想可以和平共處的方法。只要改變看法，缺點也可以變成優點。另外也可能暗示危險即將逼近，此時要特別小心發生事故或受傷。

人偶布偶

例如……
- 禮物收到人偶或布偶
- 在圖畫、照片或影片裡看到人偶
- 看見人偶師的作品展

暗示身邊的人對你的看法：覺得布偶「很可愛」代表人緣極佳，可以帶著信心勇敢行動；覺得布偶「很髒」則代表大膽改變形象可以增加自己的魅力！

【 三畫 】

<table>
<tr>
<td>

三叉路

例如……
- 差點走錯路
- 到位於三叉路的建築物辦事
- 在三叉路被人搭話

三叉路是過去、現在與未來交會的能量地點，可能會面臨某個重大的抉擇，也暗示除了A和B以外，還有另外一個不同的選項，必須捨棄偏見，放寬視野。

</td>
<td>

三角形

例如……
- 三角形屋頂給人深刻印象的建築
- 廁所的捲筒衛生紙被摺成漂亮的三角形

所有事情都會慢慢趨於穩定的預兆，可以想成是愛情和事業上的「基礎」都已經逐漸成形。也許會因此開始意識到下一個階段，由於基礎相當紮實穩健，儘管帶著自信大膽挑戰吧！

</td>
</tr>
<tr>
<td>

上

例如……
- 有人從樓上叫你
- 著迷地看著天井畫
- 目的地在頂樓

事情順利進行的好預兆，有機會得到想要的結果，或是從前想像的心願化為現實，原以為是癡心妄想的事情也有更高的機率美夢成真。別再猶豫，勇敢挑戰吧！

</td>
<td>

上司前輩

例如……
- 在假日收到無關工作的私訊
- 認識和上司長得很像的人
- 午餐時間和上司或前輩比肩而坐

對工作流程或周圍的評價心生不滿。如果想追求更有效率的作法或更正當的評價，必須要先做好萬全準備。想到什麼說什麼是行不通的，應該要準備能了解實際數字的書面資料或增加說服力的具體範例。

</td>
</tr>
<tr>
<td>

下

例如……
- 住在集合住宅樓下的鄰居
- 前往地名有「下」字的地方
- 想找的東西在下面

從日常生活細節感受幸福。符合現實考量且腳踏實地的想法會帶來好結果。比起空泛地談論理想，考慮「可不可能實現」更加重要。生活能力提高，可能會更有效率地處理家務或更擅長節約。

</td>
<td>

口

例如……
- 被塗著鮮豔口紅的女性吸引目光
- 得知口腔護理的知識
- 口腔內部出現異狀

可能會因為朋友或情人一句無心的話而耿耿於懷或受到傷害；或是因為想說的話卻說不出口而焦躁不安。去卡拉OK或演唱會大聲發洩出來能夠調適心情。

</td>
</tr>
<tr>
<td>

土星

例如……
- 新聞上出現土星
- 看到土星的符號（♄）
- 跟土星造型的物品很有緣

考驗的預兆。事情可能會陷入停擺，只能耐著性子慢慢等待，但就此止步不前會變成單純的浪費時間。只要好好為下一步準備，一定會出現反攻的機會。

</td>
<td>

夕陽

例如……
- 偶然抬頭看見夕陽
- 從畫、照片或影片看到夕陽
- 小說或漫畫描寫夕陽場景

沉浸在非常甜蜜的戀愛氛圍，有機會展開新戀情或突破倦怠期。但過於鮮紅的夕陽則暗示你不夠冷靜，過度依賴可能會讓對方覺得很沉重，記得保持適當的距離感是一種體貼。

</td>
</tr>
</table>

第2章／預兆關鍵字事典～解讀訊息的線索～

大型活動

例如……
- 看到活動的傳單
- 聽到慶典的音樂聲
- 經過活動會場

人很多但目的不清不楚的活動是孤獨的預兆，內心可能會充滿空虛感，覺得沒人了解真正的自己；但是立意明確的活動則是於公於私都會成為中心人物的預兆。

大廳玄關

例如……
- 有人從室內走出來
- 在玄關前拍照留念
- 到玄關很有特色的人家中作客

可能會出現新的關係或環境。讓你印象深刻的玄關愈乾淨整潔，代表愈有機會遇到很棒的人事物。此外，也可以說整理好自家的玄關才能招來好運，請務必養成打掃的習慣。

大會比賽

例如……
- 家附近舉辦比賽
- 有認識的人參賽
- 收到參賽邀請

代表你會有機會好好展現自己的特技或成果，由於口才比平常更流利清晰，容易在簡報或面試取得成功。也暗示會因為興趣或才藝，讓自己更上一層樓，應該可以在新的舞台更加盡情發揮。

大腿

例如……
- 和衣著會露出大腿的人出遊
- 大腿抽筋
- 測量大腿圍

可能會有機會到遠方旅遊或出差，如果你的大腿都是肌肉、粗細適中，代表會有滿滿的收穫或意外的邂逅；如果腿圍超過平均值，則代表可能會在目的地遇到麻煩，小心別中了毫無聊的挑釁。

大蒜蔥

例如……
- 看到專賣大蒜或蔥料理的餐廳
- 很在意大蒜的味道
- 看到露出購物袋的大蒜或蔥

感覺快要被周圍給你的壓力擊垮。可能會被強迫中獎，負責付出的勞力與結果不成正比的工作，但其實這就是給你的考驗。只要不氣餒地繼續努力，便能獲得超越成果的評價。

大衣外套夾克

例如……
- 發現喜歡的大衣
- 有人穿著設計獨樹一格的夾克

可能會察覺到危險，走在馬路上要比平常更提高警覺。也可能會因為人事問題或派系鬥爭，導致「立場」受到威脅。雖然比較傾向於保守，但須謹記有時攻擊會比防守更有效。

大象

例如……
- 看見大象的圖畫
- 電視上出現大象
- 和印度象神的擺設四目相接

代表因為收到某樣東西而「賺到」的前兆，例如收到別人轉讓的電影票、旅遊票券或出乎意料的昂貴禮物。另外這也是人緣變好的預兆，來自異性或友人的邀約可能會讓你的手機響個不停。

大門

例如……
- 大門剛好打開
- 穿越城門
- 在大門附近被攔下來

迎來人生重大轉折的預兆。在大門另一邊看見的東西暗示你未來的目標，例如巨大的建築物代表你應該胸懷大志，人群則代表需要加強社交能力。

大頭針 圖釘

例如……
- 被圖釘刺到受傷
- 踩到圖釘
- 用力按下去之後拔不起來

可能被看不見的力量控制住，覺得全身無法動彈。像是提出的好點子被上級推翻，或是戀情被不相干的人從中攪局。現在應該先忍耐下來，等待運氣的走勢改變。

小偷

例如……
- 看到小偷的卡通人物
- 看到竊盜或扒手的影片
- 私人物品被偷

暗示你過度依賴某個人。有把工作都推給同事或束縛情人的傾向。雖然對方臉上露出溫柔的表情，其實內心十分不滿……現在調整心態應該能避免讓關係出現嚴重的裂痕。

小刀 菜刀

例如……
- 被刀割傷
- 刀刃受損
- 請別人磨刀

小刀、菜刀等刀身較短的刀具象徵知性，可能會充滿好奇心，或是和益智性的興趣或才藝很有緣，尤其可能會在參加解謎遊戲時會遇到好對象。

小孩

例如……
- 看到成群的小孩
- 被小孩搭話
- 嚎啕大哭的小孩

心有餘力，充滿愛與包容，即使再忙也能顧及他人。此外，熟識的孩子相當於自己的寫照，如果對方看起來沒什麼精神，代表你也是如此。不可思議的是，鼓勵對方的同時，自己也可以重新振作。

小鳥

例如……
- 有小鳥靠近自己
- 在寵物店看見小鳥
- 和養鳥的人碰面

代表好運降臨的預兆，尤其可能會在愛情方面遇到很棒的事，例如被喜歡的人告白，或遇到命中注定的對象。如果看到兩隻拍著翅膀開心嬉戲的小鳥，代表愛情已經不遠了。

小黃瓜

例如……
- 當日特餐裡有小黃瓜
- 被陳列在蔬果行最醒目的貨架上

你可能對另一半積怨已久，但感情用事會害你事後對自己的口不擇言感到後悔。先用傳訊息或寫信的方式表達不滿或希望對方改善的地方，接著再當面討論，這樣事情會比較容易圓滿解決。

山

例如……
- 空氣清澈到可以看見遠方的山
- 收到向內對摺的紙
- 有人邀你去爬山

會遇到必須跨越的阻礙，但這是每個人都會經歷的「升級任務」，只要順利過關，就能夠像「戀愛→結婚」、「業績達標→因為額外的績效升職」一樣，一口氣連跳好幾級。

山谷

例如……
- 電視上出現山谷的影像
- 看見以山谷為舞台的作品
- 認識名字裡有「谷」的人

身處在無法集中精神的環境或面臨緊張的人際關係，感覺壓力排山倒海而來的預兆。任憑負面情緒影響自己會害團隊的成績一落千丈，最好安排SPA或按摩等可以一個人好好放鬆的舒壓療程。

工作勞動

例如……
- 假日出勤
- 不在預期內的加班
- 夢到正在工作的夢

可能會因為自己的過失釀成大禍，導致你必須負起責任解決問題。最重要的是事後展現的誠意，然而毫無計畫的行為只會變成提油救火，最好從結果開始反推再一一解決。

弓箭

例如……
- 看見拿著破魔箭的人
- 欣賞使用弓箭的儀式
- 遇到身上有箭矢圖案的人

結果即將出現也許再過不久就會達到預先設定的目標。如果弓箭指向某個人，代表你是不是有什麼話想對誰說呢？你的想法會筆直射進對方的心，不要猶豫，告訴他吧！

【 四畫 】

不安

例如……
- 掛心某件事
- 看到負面的文字
- 擔心老後的生活

即使發生出乎預料的問題，你還是能用「船到橋頭自然直」的態度面對，臨危不亂地處理問題，並因此受到周圍的信賴。要有自己是解決問題之關鍵人物的自覺。

不明生物外星人

例如……
- 拿到科幻片的電影票
- 身邊流行外星人造型的卡通人物

你可能會遇到從來不曾接觸過的「怪人」，因為你與對方的想法或感受差了十萬八千里而感到不知所措。儘管並不容易理解，但會因此帶來好的刺激，拋開偏見會有更多的收穫。

元旦新年

例如……
- 想起某一年的新年
- 電影或電視劇的過年場景
- 用有別於往年的方式過年

在其他時候想到新年，可以藉此推算出今年一整年的運勢。充滿歡笑的新年代表有機會挑戰新的事物；如果感覺很無聊，則暗示已經厭倦了日復一日的日常生活。

內衣襯衣

例如……
- 看到晾在外面的內衣
- 購買平常不穿的顏色
- 不小心看到別人的內衣

可能會聽到很無禮的話，對方也許說中了你從以前開始就很害怕的事。壓抑內心的憤怒將會讓對方變本加厲，不如一開始就用力反擊，這樣一來，其他人都會站在你這邊。

公園

例如……
- 到公園打發時間
- 在意想不到的地方發現公園
- 用公園作為集合地點

可能會有新的戀情。人聲鼎沸的公園代表透過朋友介紹會有好運，可以積極參加平常不會去的聚會或聯誼活動。空蕩寂寥的公園則暗示會在一個人的時候被異性搭話。

公車

例如……
- 來不及搭上公車
- 公車從眼前經過
- 和車上乘客變成朋友

和「電車」的預兆一樣，但是也代表目的地可能輕易改變。如果在觀光巴士上遇到有人做事的時機總是跟你不謀而合，代表可能和對方發展出緊密的關係，鼓起勇氣和他交換聯絡方式吧！

分別

例如……
- 眼前的人群各奔東西
- 目擊分手現場
- 很熟的同事被調到其他地方

能夠在千鈞一髮之際避開愛情的危機，也就是還不用分手或放棄的意思。此外，如果目擊別人被分手的現場，很可惜，看來你的心意只是單相思，建議你找找看別條路吧！

分娩生產

例如……
- 身邊出現嬰兒潮
- 有機會見證生產的過程
- 寵物生下幼子或產卵

可能會因為某件事讓目前生活的環境或風格變得截然不同，你會找到新的目標或願望，並經歷前所未有的感受。此外，也暗示現在正是該脫胎換骨的時刻，讓自己「煥然一新」才能擁有更多機會。

切斷

例如……
- 電話忽然掛斷
- 不小心把重要文件丟進碎紙機
- 在做菜時切到手

暗示離別，也可能是在勸你為多年來無法下定決心的事情做個了斷。因為捨不得而繼續維持關係將會阻礙彼此的成長。告訴其他人可以幫助自己下定決心。

化妝用具化妝品

例如……
- 拿到化妝品的試用品
- 在很多地方看到同一個廣告
- 想改用其他品牌的化妝品

暗示會受到異性的吹捧。可能會發生像是在相親派對上得到最高票的事件，開始對自己產生信心。此外，可能會被身邊的人發現自己有喜歡或正在交往的對象，對方只是想從旁協助或給予祝福，毋須緊張。

化妝鏡

例如……
- 化妝鏡破了
- 鏡面模糊不清
- 遺失化妝鏡

也許會有機會自我反省。別人可能會對你的外表或性格指指點點，這些話是讓你更上一層樓的金玉良言。可以想成是改變妝容、習慣或戒掉怪癖的好機會。

友人朋友

例如……
- 和朋友在街上巧遇
- 聽到關於朋友的傳聞
- 與朋友久別重逢

暗示你的評價會因為一點小缺陷而降低，也許你身上也有跟那位朋友一樣的缺點。把對方當成負面教材，見賢思齊，見不賢而內自省，這樣和身邊的人溝通起來才會更加順利。

天使

例如……
- 發現白色的羽毛
- 看見光環
- 聽到和天使有關的傳說或故事

代表最近會收到好消息。也許是來自心儀對象的邀約，或是得知一直懸在心上的事情順利解決。這些消息可能來自於各種地方，可以頻繁注意社群網站等等。

天國

例如……
- 夢見故人
- 聽見關於死後世界的話題
- 看到圖畫或故事裡的天國

代表你對現況感到滿足，也可能是幸福即將在不久之後降臨的吉兆。即使目前的情況很糟，也不要輕言放棄。只要再忍耐一下，就會出現帶來轉機的要素。

天王星

例如……
- 結識擔任領導者角色的人，或與對方變成好友
- 看到天王星的符號（♅）

發生革命性改革的前兆。如果覺得工作、愛情或人生面臨卡關，現在正是改革的好機會。也許能開闢新天地。同時還充滿靈感，腦內浮現出別人想不到的好點子。

天秤座

例如……
- 收到天秤座友人的聯繫
- 在九月底～十月底有很多行程
- 認識很多天秤座的人

暗示情況不再偏向某一方。工作狂可能會遇到愛情來敲門，一心只想著興趣的人可能會找到工作的成就感，接著產生加乘效果，讓生活變得更充實，精神上也能保持穩定。

天空

例如……
- 萬里無雲的藍天
- 收到天空照片的明信片
- 偶然抬頭望向天空

晴朗無雲的天空代表吉兆，無論做什麼都會很順利，可以積極嘗試各種挑戰。「猶豫的時候先做再說」才是正確答案。如果天空充滿厚厚的雲層，暫時觀望會比較安全。不要只執著在一個選項。

天蠍座

例如……
- 收到天蠍座友人的聯繫
- 在十月底～十一月底有很多行程
- 認識很多天蠍座的人

你切中核心的一句話將會掀起波瀾，問題在於這句話是否出自愛情，如果裡面飽含愛意，身邊的人都會被你深深感動。記得不經思考就脫口而出的話只會讓自己失去信用。

天鵝

例如……
- 天鵝飛到自己身邊
- 看到搭天鵝船的人
- 得知以天鵝為題材的創作

以為不會實現的愛情最後卻成功開花結果。傳說，希臘神話裡的宙斯變成天鵝的樣子，接近一位人類公主，讓對方生下了一對雙胞胎。天鵝象徵會有奇蹟般的成就，總之積極行動吧！

太陽 陽光

例如……
- 偶然抬頭，發現是晴空萬里的好天氣
- 因為刺眼的陽光醒了過來

好事接連發生的吉兆。會有許多令你充滿期待的邂逅或發現，這些全都是成功的種子。現在最重要的是積極行動，如此一來，這些種子便會發芽成長，開出又大又美麗的花。

太鼓

例如……
- 聽見太鼓的鼓聲
- 電視上傳來太鼓聲的背景音樂
- 迷上太鼓遊戲

因為不好的事情引人注目的預兆，像是只有你一個人遲到，或是打破不成文的規定而遭到撻伐等等，可能會被周圍的人白眼。如果聽到太鼓的鼓聲，就先離開獨立路線，改走合群路線吧！

夫妻配偶

例如……
- 在本人不在的地方談論對方
- 在意別人的配偶
- 巧遇朋友夫妻二人

與另一半或職場陷入倦怠期的預兆，有固定行為模式的人還請特別注意，可以試著為對方準備驚喜禮物或慰勞品，這樣能改善氣氛，讓相處變得更融洽。

心臟

例如……
- 吃到雞心、豬心或牛心
- 頻繁聽到「心臟很強」等和心有關的字眼

被突如其來的事件所感動。並非針對外貌或實質利益，而是因能得到獎勵或對社會有所貢獻而產生興趣，如轉職或是獨立等等的大決策很有可能發生。隨自己心意前進的話，就能找到舒心的好去處。

手

例如……
- 手變粗糙
- 和別人擊掌
- 手受傷

可能會發生讓你後悔到想重新來過的事，會造成這樣的失敗是因為你缺乏自信。就算只是裝模作樣也好，表現得落落大方有助於提升運勢，另外也代表「目前的情況並不糟」。

手套

例如……
- 禮物收到手套
- 手套破洞
- 退色或有明顯的髒汙

代表不勞而獲的預兆，身邊的人會自然而然地提供幫助。但唯有在禮物收到手套時要特別小心，因為這暗示可能會被捲入麻煩，工作和來自異性的邀約都最好先暫時擱置為宜。

手帕

例如……
- 撿到別人遺落的手帕
- 手帕破損、弄髒
- 收到別人送的手帕

手帕的狀態代表你最近的運氣，乾淨的手帕會招來良緣，可能會結交能帶來龐大利益的商業夥伴或值得信賴的朋友；反之，髒兮兮的手帕會招來惡緣，應該要避免金錢借貸。

手帳日記

例如……
- 回顧以前的手帳或日記
- 不小心看到別人的日記
- 日記、手帳遺失或被偷走

警告你有愈來愈自戀的傾向。可能會因為自我中心的態度而被身邊的人敬而遠之，或是因為表現出自戀的一面而造成反感。不要躲在自己的世界裡，放眼看看周圍，心態和情況便會截然不同。

手指

例如……
- 看見以手指為題材的作品
- 和別人打勾勾
- 看到有人比手勢

乾淨好看的手指暗示你的溫柔會拯救他人，或是被別人的溫柔所救，就算是讓人有點害羞的話，也不要吝於告訴對方；髒兮兮的手指代表凶兆，要小心可能會被迫做自己不想做的事。

手提包

例如……
- 放在某處忘記拿
- 發現喜歡的手提包
- 雜誌附錄贈送的包包

如果包包壞掉或老舊破損，要小心得到性別特有的疾病，請儘早安排健康檢查或接受治療。包包裡放著貴重物品是你或身邊的人會與小孩結緣的前兆，可能會懷孕或撿到小貓。

手槍槍械

例如……
- 實際聽見槍聲
- 看見有人比出開槍的手勢
- 現場準備了玩具槍

代表「勝利」的預兆，在需要一決勝負或做出決斷的事情會有好的結果，像是告白成功或順利達成協議。但使用小手段或互相試探的伎倆似乎沒什麼意義，光明正大迎戰才有機會贏得勝利。

手機智慧型手機

例如……
- 遺失手機
- 手機忽然故障
- 不小心打錯電話或傳錯訊息

人際關係發生變化的預兆，你可能會加入新的團體或換到新的位置，感受新鮮空氣的流通。建立良好關係的訣竅在於用溫和有禮的態度待人處事。療癒系的手機待機畫面會帶來好運。

手機鬧鈴鬧鐘

例如……
- 在開會時響起
- 在大眾運輸上響起
- 設錯鬧鈴的時間

如果鬧鐘在出乎預料的時刻鈴聲大作，代表你應該馬上結束正在著手或計畫的事，就算繼續進行，前方也還有重重困難在等著你，這是在考驗你的決斷力和做事效率。

手術治療

例如……
- 認識的人要動手術
- 醫療節目出現關於手術的解說
- 受傷後接受治療

這是上天在提醒你：「別忘記重要的事。」例如開會的時間或與情人碰面的地點，記得仔細確認之後的行程。犯了錯就老實道歉，逃避只會面臨更嚴重的懲罰。

文件資料

例如……
- 文件散落一地
- 成堆的文件疊在桌上
- 因為填寫不完整遭到退件

堆積如山的文件暗示自己的地位受到威脅，可能會出現強大的競爭對手或積極搶生意的同行，造成難以負荷的壓力，所以要比平常更照顧身體。選擇離開會帶來最嚴重的打擊。

方塊◆鑽石

例如……
- 玩撲克牌時抽到方塊的牌
- 有人向自己炫耀鑽石
- 看到真正的鑽石

在金錢及物質方面過得很充足，獲得讓錢財自然向你靠攏的好運。例如有人請你吃高級料理，或是帶你到國外旅行，還有可能獲得比金錢更寶貴的「經驗」。

日曆

例如……
- 看到很漂亮的日曆
- 日曆從牆上掉下來
- 看到有人正在翻日曆

規畫出符合期望的完美日程，商務會議、約會等行程可以毫不撞期的填滿行事曆。只不過，要小心日期錯誤的日曆會打亂一切節奏，如果可以的話，馬上把它翻到對的日期吧！

日蝕

例如……
- 突然興起日蝕的話題
- 看到日蝕的影片或資料
- 日蝕那天發生印象深刻的事

暗示自己可能會發生巨大的轉變。在占星術中，太陽代表自己；而日蝕從廣義上來說，可解釋成「太陽暫時死去」。換句話說，日蝕代表過去的自己死後重獲新生。

月亮

例如……
- 月亮看起來比平常更亮
- 收到月亮造型的物品
- 看見映在水面上的月亮

月亮暗示你的運勢和感情，往後的發展會隨著月相改變，記得抬頭看看月亮的形狀，要記得古人用月亮的圓缺作為生活週期的指標，並藉此掌握好運。

（新月）

例如……
- 偶然注意到的月亮是新月
- 在新月的那天發生出乎意料的事件

代表事情會有很好的開始。新月的特徵是「開始」的可能性會大幅提高，如果不趁現在談戀愛、學才藝或存錢就太可惜了。運氣會站在你這邊，幫助你順利達成目標。

（上弦月）

例如……
- 偶然注意到月亮是上弦月
- 透過月曆發現行程都集中在上弦月的日子

這是各方面都氣勢漸長的前兆，進入令人自我陶醉的「無敵狀態」。知識和人際關係會像逐漸盈滿的月亮一樣愈來愈廣。容易得到超越實力的成果，請積極爭取機會。

（滿月）

例如……
- 偶然注意到月亮是滿月
- 在滿月那天發生事件
- 看到滿月造型的東西

暗示實現夢想或達成目標，感受到成就感，讓事情告一段落。但同時也是事情開始惡化的前兆，就像月亮的面積逐漸變小一樣，可能性和選項也可能會愈來愈少，最好不要嘗試新的挑戰。

（下弦月）

例如……
- 偶然注意到月亮是下弦月
- 從月曆上得知在下弦月期間會有罕見的事情發生

月虧的現象暗示「逐漸步向終結」，可以趁這段時間斬斷不好的緣分、拋棄對過去的執著，也是比較容易減肥成功的時期。

（超級月亮）

例如……
- 偶然抬頭，發現懸在空中的月亮是超級月亮
- 超級月亮成為熱門話題

在月亮最靠近地球的那天出現的新月或滿月就是所謂的超級月亮，它被視為帶來好運的吉兆，尤其改變想法或作法會更有機會改善情況，擺脫常識的限制比較容易有好的結果。

月票

例如……
- 月票過期
- 月票破損
- 遺失月票

月票出問題時，請你捫心自問：「我真的想去那個地方嗎？」這是上天在告訴你，就算不侷限在職場或學校，你也一定可以充分發揮自己的實力。

月蝕

例如……
- 觀測月蝕
- 月蝕那天發生大事
- 聽到跟月蝕有關的新聞

告別纏繞在心裡的負面情緒。也許能解開誤會，或是有機會了解對方真正的想法。嫉妒和憎恨就像月蝕的月亮一樣逐漸消失。心情煥然一新後，自然能夠積極面對生活。

木星

例如……
- 聽見跟木星有關的話題
- 在新聞上看到木星
- 出現在喜歡的詩或歌曲當中

代表會有奇蹟般的好運降臨，而且內容著重於「發展」和「擴大」，也許理想會變成現實，或是擁有更大的活動或研究範圍。每一次行動都會增加成功的次數，暫時應該把「積極」當成座右銘。

毛巾

例如……
- 有人拿毛巾給你
- 撿起毛巾
- 舊毛巾破了

暗示事情會歸零重來。可能是長久以來的煩惱獲得解決，也可能是原本很順利的事情出現異狀。這是上天要你「重新來過」的意思。記得現在正是運勢的分歧點。

毛髮稀疏禿頭

例如……
- 開始在意瀏海
- 看見剃光頭的人
- 錢包的皮革剝落

即將失戀的預兆。此時很有機會遇到心儀對象和別人交往，或是另一半對你提出分手的情況。也有可能會以某種形式失去重要的人。但同時也是在暗示你捨棄不必要的東西。

水壩

例如……
- 浴缸的水滿出來
- 水壩潰堤的新聞
- 開車兜風時發現水壩

充滿想像力的預兆。尤其有機會在創意領域靈光乍現，想到好點子。無論在工作還是興趣方面，自己的創作都會獲得好評。另一方面，水壩潰堤的場面則暗示你的忍耐快要到達極限。

水星

例如……
- 用肉眼觀測到水星
- 水星逆行
- 水星的位置進入自己的星座

溝通能力大幅提升的徵兆。與朋友之間的衝突有機會順利解決。提高工作或讀書的效率，做事情的速度比平常更快。不妨趁現在趕工處理有期限的事。

水果

例如……
- 伴手禮收到水果
- 看見水果圖案的雜貨
- 採收水果的體驗活動

代表此時的你非常多情，魅力和桃花運直線竄升，比平時更大膽的穿著打扮會有很好的效果。摘取樹上的果實是帶有性暗示的行為，可能會和只是普通朋友的異性發生性關係。

水瓶座

例如……
- 收到水瓶座友人的聯繫
- 在一月底～二月底有很多行程
- 認識很多水瓶座的人

擺脫規則或常識的預兆。不必在意過去的例子或周遭的氣氛。珍惜你獨一無二且自由大膽的創意。愈是覺得不會被其他人認同的提案，愈有可能獲得他們的評價並留下成果。

火

例如……
- 看見使用火的祭祀儀式
- 篝火的木柴在眼前爆開
- 忘記熄火而緊張得冒冷汗

可能會回想起過去的傷痛。不過，即使曾經留下傷痕，現在已經痊癒了也是不爭的事實。趕快意識到這股疼痛只是你的錯覺吧！此外，也暗示你精力充沛，可能會獲得超越行動以上的成果。

火大憎恨

例如……
- 有人讓你很火大
- 發生讓你生氣的事
- 說別人的壞話或抱怨

暗示壓力的累積，可能會對彼此發脾氣或互相猜忌，陷入負面情感的漩渦。最好請假休息或拉開距離，只要退一步從客觀的角度來看，應該就會發現只是無聊的小事而一笑置之。

火星

例如……
- 用肉眼觀測到火星
- 看到跟火星有關的新聞
- 看到火星的符號

你可能會挺身而戰，對手也許是提出無理要求的上司，或是互相切磋琢磨的對手。儘管總是採取攻擊性的態度值得深省，但這場戰鬥是人生必經的試煉，請你做好覺悟。

火災

例如……
- 火災的新聞速報
- 附近發生火災
- 小說或電影的火災場景

冒出黑煙的火災代表會閃現從前的心理創傷、當眾出醜或是因為心煩意亂而自暴自棄，這時可以好好泡個熱水澡放鬆一下，舒緩身心的疲勞。

火箭

例如……
- 聽到關於太空人的話題
- 看到火箭發射成功的新聞速報
- 夢到搭乘火箭的夢

空有冒險犯難的精神，卻沒有腳踏實地的作為，夢想也難以成真。但是如果沒有馬上選擇放棄，而是不斷嘗試並從錯誤中學習，也許就能以相近的形式實現夢想。只要堅持下去，可能性就不會是零。

父親

例如……
- 在家以外的地方偶遇
- 沒事接到父親的電話
- 看見有父親入鏡的照片

溫柔和善的形象代表可能會受到權勢者的幫助，或是因為得到後盾而做出成果。反之，凶狠嚴厲的形象代表立場岌岌可危。小心因為一時衝動頂撞上司而造成無法挽回的結果。

牙齒

例如……
- 換新牙
- 夢到拔牙的夢
- 牙齒斷了

你注意到的牙齒狀態與你的運氣互相連結。牙齒斷掉或缺少是發生危險的前兆，趕快確認附近有沒有舉止怪異的人。剛長出來或漂亮的牙齒代表吉兆，可能會發生某件事情讓你笑容滿面。

牛

例如……
- 看到運輸車上的家畜
- 牛的叫聲在腦袋裡揮之不去
- 有機會去牧場

此時的你能夠溫柔待人，善良體貼的舉動最後會回到自己身上。時時銘記「好心有好報」，看見有困難的人要果斷地伸出援手，這樣運氣和人都會成為你的靠山。

牛奶

例如……
- 突然想喝牛奶
- 宅配牛奶的業務員上門推銷
- 收到牛奶口味的糖果

此時的你內心像孩子般純粹率直。事情之所以進展不順，有可能是因為你想得太複雜了。忘記人際關係上的限制並釐清目的，應該就會發現解決問題的線索。

牛肉 雞肉 肉料理

例如……
• 看見肉品專賣店的資訊
• 有人找你去吃吃到飽
• 店員上錯菜

暗示體力變差。你是不是一直在加班，或是在假日安排太多行程了？這個預兆可以說是上天在提醒你：「再不鍛鍊體力，小心提早陣亡。」別忘了，不論做什麼，身體都是最重要的資本。

王冠

例如……
• 看到王冠造型的東西
• 看到頭冠造型的頭飾
• 收到有王冠標誌的東西

獲得名聲或地位的吉兆。也許是在工作上有所成就，或是達成長久以來的目標，代表比現在更上一層樓的預兆。頭冠則表示會在愛情方面擁有好運。

【 五畫 】

主題樂園 遊樂園

例如……
• 收到遊樂園的門票
• 有人邀你一起去遊樂園玩
• 想起關於遊樂園的回憶

一味追求理想可能會面臨到現實層面的問題，現在最好採取腳踏實地的計畫，把目光從遙不可及的夢想拉回腳邊，只要一步一腳印慢慢前進，最後一定會抵達終點。

仙人掌

例如……
• 發現種了很多仙人掌的房子
• 收到仙人掌
• 發現仙人掌開花

暗示人際關係會發生問題，而你有很大的機會扮演解決問題的關鍵角色，傾聽雙方的意見並保持中立，應該能一口氣突顯自己的存在感。要是太過偏袒某一方，很有可能會飛來橫禍。

仙貝

例如……
• 收到仙貝
• 邊走邊吃時收到試吃品
• 迷上吃仙貝

財運上升的預兆。進入有多少付出就有多少回報的「獎勵時間」。無論本業還是副業，現在不認真努力就太浪費了！別忘了還要把成果拿出來大肆炫耀一番，也許會遇到意想不到的好機會。

出家人 和尚 僧侶

例如……
• 被僧侶搭話
• 認識寺廟的人
• 在路邊看到和尚

看見僧侶代表自己在精神上有所成長，你現在除了自己之外，是不是還能顧慮到身邊其他人的感受呢？如果有和尚向你搭話，代表解決問題的線索就藏在日常生活的細微瑣事當中。

北

例如……
• 跟有「北」字的地名或人名很有緣
• 前往住家以北的地方
• 出現和北國有關的話題

這是陷入困境的徵兆，費心推動的事情可能會發生問題或遭遇阻撓，為了挽救情況所做的努力固然重要，但現在停止掙扎，判斷「是時候收手」才會有好的結果。

占卜

例如……
- 比平常更在意運勢排名
- 對不曾聽過的占卜產生興趣
- 經常看見同一位占卜師

做出轉職、結婚等重大決定的預兆。突然在意過度依賴占卜的人，代表你對自己的判斷沒有信心，也可能是覺得後悔，害怕自己做錯了什麼。請將過來人的意見當作提示。

卡拉OK

例如……
- 慶典活動有舉辦歌唱比賽
- 拿到卡拉OK的折價券
- 走在街上一直看到卡拉OK

無論是好是壞，都會透過某種形式備受矚目。本週的主角或許就是你啦！另外，也暗示平時藏在心裡的抱怨或不滿即將爆發，可以找同事商量或埋頭在興趣裡，用各種方法適當地舒壓。

右

例如……
- 有人從右邊向你搭話
- 有人碰到身體的右半邊
- 前面的人突然向右轉

可能會有機會指揮他人工作或交付某件事。比起自己的情感，更能敏感察覺對周圍的氣氛。此外，邏輯性的思考可能會得到肯定，並負責為解決問題進行分析及驗證。

四季季節

例如……
- 發現季節的代表物
- 開始意識到換季
- 季節活動的傳單

強烈感受到季節的變化是心境發生巨大轉變的前兆，請你試著認真思考「工作的意義」、「結婚的必要性」等人生規畫吧！另一方面，感受不到季節變化則暗示身體會出現不適，宜及早治療。

四角形

例如……
- 收到四角形的餅乾或仙貝
- 錶面是四角形的手錶

四角形代表穩固紮實的根基。平穩的日子會持續一段時間，從壓力中獲得解放。精神層面也變得比較安定，會注意到平常看不到的地方，而那裡似乎正藏著能讓你有所成長的線索。

外國海外

例如……
- 要去國外出差
- 咖啡廳或餐廳裡放著外國風景的寫真集

震撼人心的外國風景代表環境即將發生改變，也許會面臨左右人生的重大抉擇，只要勇敢踏出一步，便能前往更上層的世界，並且順利融入新環境，成為風景中的一部分。

外國人

例如……
- 被外國人問路
- 偶然走進某間店裡，發現接待的店員是外國人

你可能會與從來沒接觸過的人產生交流，由於成長背景和觀念的不同，剛開始可能會有點煩惱，但只要鍥而不捨地積極搭話，最後一定能互相理解，並且在不知不覺間成為彼此不可或缺的重要夥伴。

外遇第三者

例如……
- 和已婚人士走得很近
- 有人找你商量關於外遇的事
- 一直看到八卦新聞

自己或日常生活即將出現變化的預兆。姑且不論外遇這件事在實際面的問題，外遇對象或身陷泥沼的人，他們的個性或舉止之中藏著使你成長的線索，這是藉由改變來提升自己的好機會。

失序

例如……
• 在開會或交易時發生糾紛
• 身邊有人的家裡或汽車被小偷洗劫

累積已久的憤怒即將爆發的警訊。因為內心到達崩潰邊緣，可能需要想辦法控制自己的情緒。別總是想著忍一時風平浪靜，請試著尋找能讓自己好好發洩的管道或地點。

失敗疏失

例如……
• 大型企畫案受挫
• 目擊別人失敗的瞬間
• 在工作上頻頻出錯

可能會發生讓你擔心「自己是否不被公司需要」的事。重新掌握交換名片的原則等商務禮儀，也許有機會逃過一劫。看到其他人的失敗經驗，自己也許會犯下同樣的錯。

奶油

例如……
• 收到奶油口味的零食
• 忽然聞到奶油的香味
• 塗了厚厚的奶油

即將遇到結婚的大好時機。如果有交往多年的對象，應該能就這樣順利步入禮堂。單身的人也會遇到以結婚為前提的交往對象或閃婚。也是與對方的家人相處融洽的預兆。

孕婦

例如……
• 在電車上讓位給孕婦
• 被孕婦搭話
• 看見孕婦徽章

準備已久的夢想或計畫即將實現，但也可能必須為此做出某些犧牲。別被眼前的利益或恐懼牽著鼻子走，現在大膽放手一搏，才能朝理想的人生踏出第一步。

左

例如……
• 有人從左邊向你搭話
• 認識左撇子的人
• 不小心開進左轉道

不需要想太多也能夠選到正確的答案。切記因為在腦內模擬各種可能性，或是陷入負面的內心小劇場而猶豫不決是很浪費的事。靠直覺或忽然閃現的靈感做決定，幸運會主動來到你身邊。

巧克力

例如……
• 收到巧克力
• 親手做巧克力
• 巧克力食品的期間限定活動

巧克力是戀愛運上升的象徵。有機會發生讓人期待的邂逅，或是因為幸運的意外事故，瞬間縮短與心儀對象的距離。和異性兩人單獨吃巧克力是發展出戀愛關係的前兆。試著送巧克力給喜歡的人吧！

巨蟹座

例如……
• 收到巨蟹座友人的聯繫
• 在六月底～七月底有很多行程
• 認識很多巨蟹座的人

此時的你會深刻體會到家人和朋友的重要性。如果覺得自己格格不入，代表你可能瞧不起身邊的人，或是用無禮的態度對待對方。請記得，簡單的一句「謝謝」就能讓你重拾歸屬感。

布穀鳥

例如……
• 在旅行時聽到布穀鳥的叫聲
• 觀賞介紹布穀鳥生態的電視節目

聽到布穀鳥的叫聲代表好運將至，尤其從右邊傳來的叫聲會帶來偏財運，最近可能會有機會升遷或跳槽到待遇更好的公司，在聽到叫聲後馬上提出申請或投遞履歷，實現的機率會更高。

平交道
例如……
- 柵欄在眼前降下
- 聽見「噹噹噹」的警報聲
- 看見平交道的畫、照片或影片

代表會出現阻止你暴走的人，雖然也暗示計畫會變回白紙，但是不用太失望，因為繼續執行會導致全盤皆輸。重新擬定的升級版計畫將會獲得奇蹟般的成功。

平整的鈔票 新鈔
例如……
- 找錢收到的鈔票都是新鈔
- 到銀行換包禮金用的新鈔
- 看到成捆鈔票的照片

會發生填滿荷包的「小確幸」，例如收到零用錢或紅包等意外收入，或是在拍賣網站上用高於預期的價格賣掉二手物品。現在也是進行高額消費或簽約的最佳時機。

打叉（×）
例如……
- 看見打叉的記號或符號
- 文件或考卷上打了一堆叉叉

不受災厄危害的預兆。就算發生不好的事情也不會受到太大的影響，大可放心。此外，也暗示會握手言和或達成協議。把不同的事物「相乘」而非「相加」，才能大幅提升能力。

打掃整理
例如……
- 電視上在播打掃的特別節目
- 有人提醒你應該打掃了
- 無緣無故買了掃除用具

近期會有人來家裡拜訪的預兆。由於「那一刻」會忽然來臨，請立刻開始掃除。用乾淨整潔的空間迎接客人能改善運氣。如果正在考慮換新家具或重新裝潢，現在正是大好時機。可以做出不會後悔的選擇。

打結綁住
例如……
- 和別人打勾勾
- 為包裝好的物品打上蝴蝶結
- 請別人幫自己綁頭髮

願望成真的好兆頭。可能會發生像是抽到演唱會門票或通過證照、升等考試這一類的好運。趁現在用許願或撒嬌等方式採取行動，會比較容易有好的結果。

母親
例如……
- 收到母親的聯絡
- 有機會看到孕婦健康手冊
- 遇到情人或朋友的母親

會出現無論何時都能擁護你的強大夥伴。於公於私都會與對方發展出密切的關係。但是過度依賴對方也會對你的成長造成阻礙。將「信賴」與「撒嬌」的差別銘記於心，保持適當的距離吧！

氾濫洪水
例如……
- 遇到暴雨
- 看到洪水的新聞
- 忘了關水龍頭導致水滿為患

暗示壓抑許久的欲望即將爆發，但一次性的發洩會導致嚴重的後果，請在平常安排時間，一點一點地釋放壓力，休息時間就好好休息，不要想其他的事，像這樣製造生活節奏的變化才能穩定情緒。

生日
例如……
- 別人記錯自己的生日
- 收到意外對象的祝福
- 碰巧遇到別人的慶生驚喜

可能會發生讓你印象深刻的事，驚喜禮物或特別的體驗正在等著你。也可能突然被調到不同的單位或工作地點，但是這次的調職其實是升官，代表上級對你充滿期待，可以樂觀看待。

生殖器

例如……
- 看到相關文章
- 到崇拜生殖器的神社參拜
- 夢見生殖器

因為太過在意心儀對象的目光，而對自己的外貌或身材產生自卑感。也可能會有無性生活等跟性有關的煩惱。不過，這也暗示對方是會與你共度一生的命運共同體。

生氣暴怒

例如……
- 被他人煽動
- 有人用挑釁的語氣對你說話
- 大聲說話

對身邊的某個人產生誤解的預兆。要不要再想想為什麼自己會討厭那個讓你覺得很難相處的人呢？放下偏見或成見才能夠和對方友善交流，用一個晚上的時間好好思考，事情的發展一定會有所不同。

用餐吃

例如……
- 吃到稀有的食物
- 被糾正餐桌禮儀
- 店員送來你沒有點的餐點

很容易感到焦慮煩躁。仔細觀察吃的東西應能找到原因。例如吃的是巧克力，那麼「甜甜的滋味」就是讓你生氣的原因，你可能正在嫉妒工作上敷衍了事的後輩，或是與另一半穩定交往的朋友。

白楊

例如……
- 走到兩側種植白楊的道路
- 看到白楊樹的畫、照片或影片
- 在書或歌詞裡出現白楊樹

最近可能會有一場重要的勝負。在希臘神話裡，以白楊枝葉製成的頭冠被用來嘉獎獲勝的海克力斯。換句話說，「勝利」的可能性很高。暫時應該將「積極行事」作為行動方針。

白米白飯

例如……
- 在餐廳選了白飯而不是麵包
- 抽獎抽中白米
- 老家寄了白米過來

米飯是富裕和財力的象徵。正在吃飯的樣子代表可能會收到高價的物品或想要的東西。如果有人請自己吃飯，或送白米作為禮物，則是獲得特別獎金或零用錢等意外之財的前兆。

白色

例如……
- 偶然看見別人家的陽台曬著純白床單
- 在路上看到白貓

公平吸收各種事物的預兆。有機會與不同世界的人進行交流，例如參加跨行業的懇談會或是有外國來賓的派對等等。通往未來的選項將會增加，可以變成任何你想要的顏色。

白鷺

例如……
- 看見在空中翱翔的白鷺
- 停在高處的白鷺
- 目擊白鷺捕魚的瞬間

白鷺自古被視為神的使者，是吉祥的鳥類以及幸運的預兆。因為白鷺屬於鸛科，特別暗示會遇到人生中的最佳伴侶或獲得子嗣。此外，有望在需要發揮創意的領域一展長才。

白鸛

例如……
- 故事書或圖畫裡出現白鸛
- 動物節目在播放白鸛特輯
- 在動物園看到白鸛

可能會發生令人開心的事，讓你再次體會與家人之間的愛。餐敘或旅遊應該以家人或配偶為優先。另外也可能會與小孩結緣，例如擁有自己的孩子或與孤兒產生交集。

皮膚 肌膚

例如……
- 有人誇獎你的皮膚很好
- 收到保養用品
- 皮膚悶熱

皮膚變漂亮是人際關係良好圓滑的預兆，可能會出現受眾人愛戴的關鍵人物。皮膚變差是對他人失去信任的前兆，可能會因為身邊出現神經很大條的人而感到疲憊不堪。

【 六畫 】

交談 說話

例如……
- 被陌生人搭話
- 擔任活動的司儀
- 主動說話炒熱氣氛

說話流暢暗示公司、興趣社團等所屬的團體會有好的結果，尤其會以團體合作的方式獲得成果。如果說話時無法讓話題延續或炒熱氣氛，改變職位可能會是成功的特效藥。

交響樂 演奏會

例如……
- 收到音樂發表會的邀請
- 受邀參加慈善音樂會
- 看到樂團正在練習

如果對鋼琴成果發表會等人潮眾多的地方印象深刻，代表內心的寂寞已經到達忍耐極限，同時想接觸異性的欲望也會隨之提高，這時反而更應該積極參加聯誼或相親派對等活動。

休息 休假

例如……
- 公司鄰座的人休假
- 有人建議你請假
- 看到坐在公園長椅休息的人

休息的人看起來悠閒愜意代表最近可能會出現支持你的人；疲憊不堪則代表你想逃避眼前的問題，但這是必要的自我防衛機制，別忘了對自己最重要的是什麼。

光

例如……
- 被相機的閃光燈閃到
- 看見從雲層間洩出的光線
- 看到路燈點亮的瞬間

一口氣躍升到不同層級的預兆。與其說是「建立在至今為止的努力上的成長」，更接近「突然站上夢寐以求的舞台」。可能會發生有如虛構故事般的邂逅或挖角。相信直覺會比較容易引發奇蹟。

冰

例如……
- 池水結冰
- 餐廳送來裝滿冰塊的冰水
- 收到刨冰

可能會對正在進行的企畫或原本很喜歡的異性感到厭倦。你是否每天都在得過且過呢？就算只是騙自己也好，為了「想要多做些什麼」而自發性地採取行動是重新找回熱情的關鍵。

冰淇淋

例如……
- 一直看到冰淇淋的廣告
- 在超商抽獎抽到冰淇淋
- 有人邀你去冰淇淋專賣店

可能會因為以工作或家務為優先而犧牲個人的時間，但這是重新調整生活節奏的好機會，像是休假就好好休息，不去想工作的事，有意識地區分上下班時間，如此於公於私都會有好的成果。

冰雹

例如……
- 天降冰雹
- 看到下冰雹的新聞
- 出現在創作裡

對某件事情的態度驟然降溫。可能會對與薪水不成正比的工作或看不到未來的戀情心生反感，甚至有可能連大聲爭取的力氣都沒有，直接選擇靜靜退出……「回歸原點」也許會是特效藥。

列車電車

例如……
- 偶然看到班次稀少的電車
- 不小心搭到不同路線的車
- 看到有電車照片的日曆

暗示電車所顯示的終點與你的人生密切相關。假日到那裡走走，也許會有美好的邂逅或發現美妙的事物。如果很在意車身的顏色，請參考本書對於該顏色的預兆說明。

同一個人

例如……
- 常常在電車上看到同一個人
- 和自己同時吃午餐的人
- 聯絡自己好幾次的人

如果連續遇見同一個人好幾次，不論你們是否認識，這都是你需要對方的預兆。請想成你們之間有某種緣分，向對方搭話應該會成為改善運勢的契機。

同情憐憫

例如……
- 同事發生不幸的遭遇
- 只因為同情對方而繼續交往
- 朋友的家人遭遇不幸

「我和別人不一樣！」、「我比周圍的人更優秀！」、「我才是贏家！」，你內心正充斥著這些想法。千萬不要被情緒牽著鼻子走，居高臨下的態度會害自己的評價一落千丈，應該要表現得比平常更謙虛。

名字姓氏

例如……
- 幫別人取名字
- 名字被叫錯
- 認識名字很特別的人

建立良好人際關係的好機會。可能會發生令人印象深刻的事，加深你和同事、朋友之間的情感。直接稱呼對方的名字或和平時不同的稱呼可以留下好印象，拉近彼此的距離並消除疑慮。

吐嘔吐

例如……
- 把吃下去的飯菜吐出來
- 看見別人嘔吐的現場
- 看到吐口水的人

可能出現讓你討厭的人，對方的一舉一動都讓你煩躁不已。也有可能會遇到想說的話說不出口，或是被強迫做自己不想做的事情。忍耐力在這段期間會受到考驗。

地下室

例如……
- 碰面地點是開在地下室的店
- 不小心搭到往B1或其他地下樓層的電梯

代表隱藏在內心最深處的真正想法。明亮的地下室代表充滿信心，勇往直前；昏暗的地下室代表其實內心仍然惴惴不安。可能會發現即使事情進行得非常順利，自己卻還是有哪裡不太滿意。

地下鐵

例如……
- 在地下鐵的車站內迷路
- 有人邀請你參加以地下鐵為舞台的活動或欣賞相關電影

無意識在腦中浮現好點子。可能會產生用正常邏輯絕對想不出來的創意，或是充滿藝術方面的靈感。適合趁這個機會重新檢討因為想不到好主意而暫時保留的案子。

地圖

例如……
- 印有地圖的物品
- 打開地圖APP
- 畫地圖為人指路

地圖的尺寸或比例尺愈大愈好，代表進行中的事情會順利成功的吉兆，例如正在相親的人會和理想的異性配對成功，正在投資的人則會獲利無數。這是在告訴你，你走的路是正確的。

地獄

例如……
- 看見標題有「地獄」或用地獄作為主題的小說
- 聽到「地獄」二字

暗示你內心的黑暗面會顯現出來，不要試圖抹殺它或視而不見。每個人都懷抱著相同的黑暗且與之和平共存。看看身邊的人，應該就能找到適合的應對方法。

地震

例如……
- 在重要的日子發生地震
- 地震緊急避難用品被陳列在商店裡比較醒目的位置

這是在警告你可能會有災難降臨在家人或親友身上，最好先若無其事地打一通電話了解對方的近況。另外也是被原以為是同伴的人背叛的預兆，必須有「寧可錯殺，不可錯放」的覺悟。

多雲陰天

例如……
- 連續好幾天都是陰天
- 外出時，第一眼看到的天空烏雲密布

心情愈來愈消沉的預兆。如果對娛樂或工作都興致缺缺，不如一整天什麼都不做，讓自己完全放鬆。逐漸散去的雲是轉換成正向思考的前兆，眼裡只會看到其他人的優點。

好吃美味

例如……
- 有人約你去討論度很高的餐廳吃飯
- 請一流的廚師下廚
- 參加家庭派對

「美味」原本是一種幸福的感受，但同時也代表寂寞的預兆，即使待在熱鬧的地方，也還是會產生一種難以言喻的孤獨感。不過，這代表你非常細心，可以察覺旁人沒發現的小地方。

宇宙

例如……
- 在書店看到宇宙圖鑑
- 在睡前思考宇宙的事
- 收到去天文館的邀約

這是開始新事物的前兆，可能是充滿創意的提案受到採用，或是在需要活用想像力的工作上遇到商機。現在從事創作也會有好運加持，可以投入研究DIY手作。

寺廟神社

例如……
- 看到壯觀的神社或寺廟
- 夢到去神社或寺廟參拜
- 雜誌上有介紹神社寺廟的特輯

暗示會出現救世主為你解決多年來深藏心底的煩惱。對你來說，這個人就像是母親一樣。別試圖用道理解釋一切，坦率接受他人的建言，運氣便會站在你這邊。

老人年長者

例如……
- 有老人向你搭話
- 視線停留在年長者身上
- 祝賀長輩高壽

陷入千篇一律、運氣停滯不前的預兆。如果覺得無聊的話，別想著要依賴別人，靠自己追求變化才是最重要的。想要建議的時候，可以聽聽年長者的意見，也許能獲得自己所沒有的點子。

早上

例如……
- 比平常早起
- 早上收到意外對象的聯絡
- 早上的習慣發生變化

代表吉兆，宛如黑夜般昏暗痛苦的情況即將結束。由於運氣上升，原本停滯不前的事物將會順利推進。此外，至今為止的努力或許終於要開花結果，請不要現在停下腳步。

死亡逝世

例如……
- 得知喜歡的名人的死訊
- 身邊有人過世
- 寵物過世

暗示目前的生活或環境即將宣告終結，也可能是你的想法或價值觀會發生巨大轉變。因為是在進化的過程中所必須經歷的事，不用想得太負面。

死者故人

例如……
- 談到過世的人
- 追悼名人的節目
- 忽然想起故人而潸然淚下

暗示不再執著於某件事。如果你一直對舊情人念念不忘，也許會遇到比他更好的對象。提醒你要「放下過去，放眼未來」。也暗示與處不來的對象之間的關係會有所改善。

汗

例如……
- 發生讓人冒冷汗的事
- 睡著後因為盜汗醒來
- 有人邀請你一起做熱瑜伽或三溫暖

也許會發現想全心投入的事物，一旦下定決心就放開煞車，全神貫注地投入其中。順從內心的聲音將會乘上幸運的巨浪，獲得愉快的心情或意外的成功。對現在身體不適的人來說，流汗是康復的徵兆。

池塘湧泉

例如……
- 在旅行時發現池塘
- 有人邀你去釣魚或踏青
- 目擊水質調查的現場

乾淨的水是精神穩定的徵兆；除此之外，現在的你擁有敏銳的第六感，相信直覺會有好的結果；水質混濁或波濤洶湧則暗示不好的預感將會成真，請注意不要過於神經質。

灰色

例如……
- 買衣服時，在各種顏色之間舉棋不定，最後選了灰色
- 使用有水泥牆的房間

也許會陷入上不上下不下、進退兩難的情況。告白只會得到模稜兩可的答案，暫時不要輕舉妄動。此外，也可能會對日復一日的日常生活感到厭煩，但要小心得意忘形可能釀成大禍。

百貨公司

例如……
- 在百貨公司迷路
- 用百貨公司作為集合地點
- 在廣播聽到自己的名字

無論是假日的行程安排，還是有可能發展成情侶關係的對象，都會因為選項太多而不知如何是好。重點不是「想不想要」，而是「有沒有必要」。如果很在意別人買的東西，代表裡面藏著帶來好運的線索。

竹子

例如……
- 發現竹林
- 吃竹筍料理
- 挑戰製作竹藝品

出現努力的成果。也許是肉眼可見的數字成長，也許是周圍對你的態度改變，讓你有滿滿的成就感。不要放在心裡獨自感受，而是要分享給身邊的人，尤其告訴家人能讓成長運進一步提升！

羽毛

例如……
- 羽毛在眼前緩緩飄落
- 住宿的地方有羽絨被
- 有機會用羽毛筆寫字

跟物品有關的運氣提高。可能會意外得到想要的東西，或是遇到有人把舞台劇或旅遊票券等「體驗」當成禮物送給你。記得經常把願望掛在嘴邊會比較容易實現。

老師 教師

例如……
- 遇到母校的老師
- 參加教學觀摩
- 想起以前上過的課

若對老師誇獎優秀學生的模樣印象深刻，代表你對自己的實力或功績評價太低有所不滿，最好在邀功時提出具體數字。老師罵人的樣子是好預兆，代表會得到超越實力的讚賞，應該趁現在好好表現一番。

老虎 獅子

例如……
- 在動物園留下深刻印象
- 看見獅子逃脫的新聞
- 收到獅子或老虎的玩偶

暗示會成為眾所矚目的焦點。例如在工作上備受關注，或是成為聯誼活動上最受歡迎的人，甚至讓你產生世界是為你而轉動的錯覺。無論說什麼都會獲得贊同，試著積極提案吧！

老闆 社長

例如……
- 與知名企業社長有關的新聞
- 被社長搭話
- 有事要去社長辦公室

這位社長的形象將會影響你的賣點。如果他讓人感覺很好，暗示你會建立自信心，愈來愈有存在感，有機會爭取大位。如果他讓人感覺很差，則暗示會出現位階較高的對手，或自信心過剩而受到孤立。

老鼠

例如……
- 在畫、照片或親眼看見老鼠
- 聽到跟老鼠有關的話題
- 看見老鼠的卡通人物

事情的發展出乎意料的前兆。從有別於目標對象的人那裡收到正面評價或約會的邀請等，選項會變多。尤其白老鼠暗示會發生與戀愛有關的幸運事件，一口氣縮短你們之間的距離。

考試 測驗

例如……
- 看見考試用的題庫本
- 遇到隨堂小考
- 聽見和考試有關的話題

暗示會遇到測試實力的大好機會。在工作上，可能會忽然想到新點子，或是遇到新企畫正在招募成員。在愛情上，可能會有朋友幫你介紹對象。不要在意周圍的目光，按照自己的方式行動會有好的結果。

耳夾 耳環

例如……
- 福袋裡裝著耳環
- 有人誇獎你的耳環
- 禮物收到耳環

這是上天在勸你：「多聽聽別人的意見。」你是否把自己的主意擺在第一位，忽略了身邊其他人的意見呢？另外，會因為聽錯或匆促下定論而犯下許多不該犯的錯。趁現在重新確認一下吧！

耳朵

例如……
- 看見耳朵很大的人
- 看見動物的耳朵在動
- 眼前的人在掏耳朵

閒聊的內容裡也許藏著重要線索，可以讓你獲得心儀對象或客戶的消息。此外還要注意這同時也是會因為自私的行為失去信賴的預兆，最好有意識地迎合對方的視線。

耳機音響

例如……
- 聲音斷斷續續
- 發生共振
- 發出的聲音比想像中更大

耳機或音響發生故障是上天在提醒你：「仔細聆聽他人的意見。」你也許錯過了藏在平凡無奇的對話裡，能夠為你帶來成長的金玉良言。或許回顧之前的訊息可以從中找到提示。

耳鳴

例如……
- 在意耳鳴
- 聽到跟耳鳴有關的話題
- 旁邊的人很在意耳鳴

暗示跟你有關的謠言正在擴散。讓情緒隨著謠言起伏也沒有好處，不妨冷靜看待。如果想確認謠言的真偽，可以記住偶然看見的英文字母，因為那可能就是始作俑者的姓名縮寫。

自己

例如……
- 心想「如果是我會怎麼做」
- 差點迷失自己
- 自我分析

有機會透過他人的目光來了解自己，就好比偷聽到同事在背地裡討論你的事，無論他們說的內容是好是壞，這都是能夠認清自己的好機會，試著把這些當成成長的養分吧！

舌頭

例如……
- 海報上的人吐著舌頭
- 不小心咬到舌頭
- 得到口內炎

意見可能會自然而然地被其他人屏除在外。尤其口內炎暗示你沒辦法表達想說的話，只能壓抑自己的想法。如果沒辦法用說的，寫信或傳訊息等透過文字表達會是很有效的方法。

血血液

例如……
- 割破手指
- 看到正在流血的人
- 收到捐血的邀請

流血代表運氣上升。把不好的東西排乾淨，只留下好的東西。手掌出血象徵穩固的羈絆，可能會實現被你遺忘許久，曾經答應過家人或朋友的約定。

西

例如……
- 出門的目的地在西邊
- 在意的對象住在西邊
- 前往地名有「西」字的地方

某件事情迎來終結的預兆。發現不管有多麼了不起，都不可能持續到永遠。也許沒有時間讓你沉浸在感傷的情緒裡或緊抓著過去的榮耀不放。記得善用經驗繼續前進，才能夠更上一層樓。

【七畫】

住家

例如……
- 第一次到某人家中作客
- 在預料外的時間返家
- 陪別人去看房子

壯觀氣派的房子是內心歸於平靜的預兆；年久失修、搖搖欲墜的房子暗示可能會發生令人擔心的事；沒有燈光、印象昏暗的房子則代表害怕失去所愛之人的不安。

佛神

例如……
- 忽然開始思考神、佛是否真的存在於世上
- 對「神技」或「神級」等有「神」的詞彙印象深刻

拋開雜念，虔心相信的啟示。不要只計較輸贏得失，用更單純的心態採取行動，方能過得幸福美滿或功成名就。另外，也是會遇到值得信賴的上司的預兆。

佛像

例如……
- 經過佛像的展示場
- 發現喜歡的佛像
- 造訪之處有讓人印象深刻的佛像

這是所有事情都被推到自己身上的預兆，代表周圍的人太過依賴你的能力或包容心。要是不想想該怎麼分配工作，你的團隊會沒辦法繼續走下去，真心為對方著想的話，有時要把話說得狠一點。

冷氣空調

例如……
- 冷氣不會冷
- 濾網積滿灰塵
- 因為溫度設定起爭執

代表單調的日常生活即將出現變化的徵兆，也許會換到和以往不同的新環境。無論是來自其他業界的挖角，或是有價值觀天差地遠的異性向你告白，結果都會是大吉。毋須害怕，勇敢衝吧！

刪除消去

例如……
- 刪除文字
- 刪除電腦裡的檔案
- 刪除社群網站上的文章或照片

可能會鑄下大錯，後果嚴重到讓你不想承擔，甚至想推到別人身上。狡辯和裝傻非但行不通，反而會火上澆油。切記大方認錯才有加分的效果。

吵鬧嬉戲

例如……
- 看見吵鬧的孩子
- 大聲喧嘩被別人糾正
- 難得高興到得意忘形

暗示與他人的關係會出現裂痕。原因很有可能是有失禮節或欠缺考慮等可以預防的事情。只要維持最低程度的禮貌就不會引發問題。無論你們之間再怎麼親密，也不要忘記對方是「別人」。

吸塵器

例如……
- 被吸塵器的廣告吸引
- 吸塵器故障
- 是時候清理集塵袋了

目前面臨的問題能一口氣朝解決邁進的徵兆。特別有機會消除與朋友之間的芥蒂。記得優先答應來自關係險惡或許久沒聯絡的人的邀約。

告白真心話

例如……
- 被別人告白
- 目睹別人公開重大祕密的那一刻

暗示切換不同視角有助於解決問題或改善情況，維持現在的作法可能會走進死胡同。改變體制或出奇招才能命中目標，尤其是改變追求異性的手段會有絕佳的效果。

妒忌嫉妒

例如……
- 意識到自己正在嫉妒某個人
- 收音機或店裡正在播放描述嫉妒心的歌曲

小心與同性之間的衝突，例如爭奪同一個異性，或是搶著在上司面前建功。產生嫉妒的情緒絕非壞事，但表現在態度上會造成反效果。不向對方透露情報也是一種策略。

妖怪 怪物

例如……
- 夢到怪物或妖怪
- 出現在電影或動畫裡
- 看到以怪物為主題的畫

對怪物到處破壞的模樣印象深刻，代表你會因為自卑感而貶低自己，請改掉愛比較的壞習慣；反之，怪物遭到制伏的樣子則代表會掌握克服自卑感的契機，以前很在意的事情也許會變得無足輕重。

妖精

例如……
- 看到虛構的妖精影像
- 迷上妖精的角色
- 看見「像妖精一樣」等詞句

暗示身體和心靈都會充飽滿滿的能量，可能會同時獲得讓自己提起幹勁的事情和放鬆身體的時間。因為能夠以萬全的狀態面對挑戰，參加考試或比賽會有好的結果。

床鋪 棉被

例如……
- 床鋪損毀
- 更換寢具
- 看見曬在外面的棉被

與家人相處融洽的預兆。如果彼此缺乏溝通，家人可能會找你一起出去吃飯或旅遊，當下的氣氛會讓你有勇氣表達平常總是說不出口的真實感受。能夠對家人以及「自己的歸宿」有全新的認知。

弟弟

例如……
- 和弟弟一起出門
- 偶然在街上看見弟弟
- 在弟弟不在的地方談論他

現在的你容易露出比「哥哥」更調皮、幼稚又粗魯的一面。當壓力累積到一定程度，小心因為任性或失言而失去他人對你的信任，適當的休息是很重要的。此外，也可能會認識年紀比自己小的異性。

快樂 愉快

例如……
- 開心到忘記時間
- 笑點比平常低
- 看見很開心的人

可能會因為一件小事或一句感謝的話而獲得難以想像的滿足感。不過，如果你懷疑自己「可能只是在強顏歡笑」，則暗示可能會面臨不得不壓抑真正的想法，配合別人的情況。

戒指

例如……
- 有人向你炫耀戒指
- 看到求婚的畫面
- 撿到戒指

這是有人向你表明心意的前兆，可能是愛的告白或改革的提案，不論是哪一種，你都會與對方締結重要的約定。請把這當成是人生的轉捩點，認真思考後再給出答案。

折返

例如……
- 有人在眼前掉頭折返
- 預定被喊卡，變回一張白紙
- 坐到反方向的電車

選擇了錯誤的時間、地點或方法等等。或是對情人、朋友等自己選擇的人際關係感到悔不當初。另外，此時還要注意遺失或忘記帶東西出門。要比平常更小心謹慎。

杉

例如……
- 花粉的新聞
- 購買的木製品以杉木製成
- 與名字裡有「杉」的人說話

可能會有機會重新挑戰曾經一度放棄的事物。試著回想從前捨棄的夢想吧！杉木的花語是「不滅」。用「就算失敗也要繼續挑戰」的心情，為奇蹟的反轉揭開序幕。

杏仁

例如……
- 有人推薦吃杏仁養顏美容
- 收到杏仁巧克力
- 有人介紹用杏仁提味

經常看見形狀像眼睛的杏仁，代表你對他人的視線相當敏銳，也許會用很好的危機處理能力避開糾紛。收到杏仁巧克力代表對方的視線充滿愛意，請用溫柔的目光回應對方吧！

步行 走路

例如……
- 在意某個人走路的姿勢
- 看到動物在步行
- 忽然想散步

享受輕鬆散步的悠閒時光代表非常滿意目前的生活，不用強迫自己改變習慣；走路的腳步匆忙或不小心絆倒，則暗示有一股不安或焦慮正在你的心中萌芽。

沉溺

例如……
- 差點在游泳池或海裡溺水
- 無法自拔地愛上異性
- 沉溺於酒精或賭博

代表做決定時不夠理性，會因為感情用事而導致嚴重失敗的預兆。只要冷靜想想就會明白那是一個錯誤的判斷，先深呼吸讓自己靜下心來，請教第三方的意見應該能找出正確答案。

沖流

例如……
- 讓人意外的東西在河裡隨波逐流
- 看見灑水的場景
- 看見有人在放水燈

有機會斬斷不好的緣分，跟難以應付的人或過去的恩怨做個了斷。例如流雛*或放水燈等，「讓東西順著水流漂走」自古便有淨化的涵義，暗示可以擺脫執著或無意義的習俗。

*把裝在稻草圈裡的人偶放進河裡的祈福活動

沙拉

例如……
- 在聚餐時幫忙分裝沙拉
- 三餐一定都要吃沙拉的人
- 和「沙拉口味」很有緣

代表會有驚悚刺激的體驗，假日可能會玩鬼屋、高空彈跳等「尖叫系」的娛樂活動；活動愈刺激，表示愈容易做好上、下班時間的心態切換，為日常生活帶來好的影響。也可以主動約別人去玩。

沙漠

例如……
- 看到沙漠旅遊的廣告
- 咖啡廳或餐廳裡擺著沙漠的照片

代表陷入絕望的預兆，放棄的念頭愈來愈強烈，你會想要拋開一切、撒手不管，但看開以後，事情可能會往好的方向發展。同時也是「準備好脫胎換骨」的預兆。

牡羊座

例如……
- 收到牡羊座友人的聯繫
- 在三月底～四月底有很多行程
- 認識很多牡羊座的人

不再在意周圍的目光，心中浮現勇往直前的決心以及面對困難的勇氣，可能會帶頭做某件事，或是不能被他人影響、貫徹自己的正義，擁有用自己的雙手實現心願的強大意志。

男友 女友 情人

例如……
- 朋友交了男友／女友
- 鄰座是一對情侶
- 看到正在打情罵俏的情侶

如果是認識的人，代表會被別人的交往對象或另一半吸引，然而這只是一時的鬼迷心竅，如果沒有失去一切的覺悟，就不要跟任何人談起這件事。如果是陌生人，則代表愛情還要過好一陣子才會降臨。

肚子腹部

例如……
- 肚子痛
- 露出肚子
- 禮物收到保暖肚圍

暗示你會執著於特定的人、事、物，宜認真投入工作或鑽研興趣，應該可以一口氣做出成果。但請不要每天都吃同樣的東西，或只跟固定的人保持聯絡，這樣會縮小你的視野以及未來的可能性。

肚臍

例如……
- 看見臍帶
- 遇見穿露肚裝的人
- 看見有人伸懶腰時露出肚臍

可能會有自我反省的機會。只要專注在「自己真正想做的事」，自然就會發現問題點在哪裡。切記這是正處於轉職、結婚或創業等人生轉捩點的「準備期」的信號。

角色扮演面具扮裝

例如……
- 在電視上看到戴面具的人
- 為了宴會的餘興節目戴上面具
- 看見正在玩角色扮演的人

面具的表情代表身邊其他人眼中的你。是悲傷的、憤怒的，還是喜悅的？和真正的你是否有所不同？多多表達意見是讓關係得以改善的關鍵。

豆子

例如……
- 菜單上一定都有豆子
- 過節分等節日時被豆子打到
- 收到用豆子做的點心

暗示會破殼而出，進入下一個階段。可能是升遷、創業這種直接了當的提升，也可能是肉眼看不出來，但是在精神方面有所成長。無論如何，別忘了周圍看你的眼光也會隨之改變。

貝殼

例如……
- 貝殼造型的飾品配件
- 使用貝殼裝潢的商店
- 在岸邊撿到貝殼

貝殼象徵想像與創造力，是優秀的設計、文采等藝術方面的才能獲得認同的預兆，可能會創造出史無前例的曠世巨作。在海邊撿貝殼則是感受到小確幸的預兆。

貝類

例如……
- 在海產店看見稀有的貝類
- 有人邀你去海邊撈貝殼
- 享用貝類料理

可能會因為話太多而招致失敗，像是說了多餘的話惹怒他人，或是做出太誇張的表現招來誤解，切記現在沉默是金。此外，貝類料理也是財運上升的預兆，有望獲得意外之財。

赤裸裸體

例如……
- 看見別人的裸體
- 主動或有人邀你去天體海灘或男女混浴的溫泉

代表自我意識高漲，有把「讓別人覺得自己很棒」當成「目的」而非「結果」的傾向。最好避免太誇張的妝容或穿著，小心對社群網站過度依賴。和身邊的人保持相同的步調比較容易有好運上門。

車汽車

例如……
- 有汽車停在家門口
- 汽車運輸車從眼前經過
- 聽見汽車的喇叭聲

在意汽車表示現在的你健康狀況非常良好，可以稍微勉強自己，應該趁現在多努力一點。如果是跑車，代表有很好的爆發力但難以持久，記得調整好節奏，以免後繼無力。

車票 票

例如……
- 找到某人遺失的車票
- 把票弄丟了
- 公司提供出差的交通費

現在開始的新嘗試大多都能夠一帆風順。如果你之前一直把忙碌當成放棄鑽研興趣或學習新事物的藉口，現在正是最好的時機，應該可以同時兼顧「愛情和興趣」或「才藝和家務」。

車站

例如……
- 電車誤點，在月台上待很久
- 搞錯轉乘車站
- 車站異常擁擠

代表事情正處於準備階段，無論是工作上的企畫案或愛的告白，都尚未湊齊必要的拼圖，最好避免倉促行事。看見人滿為患的月台是容易感到寂寞的前兆。

【八畫】

乳房 胸部

例如……
- 看見哺乳的畫面
- 看見裸女的雕像或繪畫
- 體驗幫家畜擠奶

代表充滿母性，亟欲建立幸福的家庭。也是因為被金錢或結婚等問題逼入絕境，情緒失控的前兆。不要把不滿發洩在別人身上，而是鑽研興趣或投入工作，轉換成正面的能量。

事故 意外

例如……
- 眼前發生交通事故
- 看到受傷的畫面
- 電車因為交通事故停駛

在愛情和事業上都多災多難……。因為顧這邊就顧不了那邊，分身乏術，焦頭爛額。此外，可能會有健康方面的問題，慎選醫院或尋求其他醫生的意見，方能逃過一劫。

來電鈴聲 電話鈴聲

例如……
- 在開會時響起
- 在電車上響起
- 被電話鈴聲吵醒

無法反抗的命運正在步步逼近的預兆。別總是想著眼前的問題或微不足道的小事，試著進行「何謂人生」這種哲學思辨吧！可能會有能讓你理解生命的意義何在的超自然體驗。

兔子

例如……
- 在動物園摸到兔子
- 認識有養兔子的人
- 發現兔子的卡通人物

多產的兔子被視為愛情和富裕的象徵，這是戀情即將開花結果的吉兆，可以積極向對方發出攻勢。此外，兔子也代表從內心湧現的性衝動，成熟的舉止會發揮絕佳的效果。

典禮 儀式

例如……
- 參拜的神社剛好在舉行祭祀儀式
- 收到喜帖或訃聞

會發生超越想像、脫離現實的奇妙事件。像是來自其他業種的挖角，或是有差了好幾歲的異性提出邀約，可能會接觸到未知的領域。可以先聽聽看對方怎麼說。

第2章／預兆關鍵字事典～解讀訊息的線索～

初春的南風

例如……
- 吹來一陣強風
- 看見櫻吹雪
- 聽到「初春南風」這個詞彙

克服逆境的預兆。可能會壓制反對意見大獲全勝，或是用打破常識的點子讓人大吃一驚。這是在對從宛如寒冬般的試煉撐過來的你說：「按照自己的步調前進吧！」

制服

例如……
- 看見成群的高中生
- 和需要穿制服工作的人有緣
- 玩制服角色扮演的人

給人好印象的制服暗示你的禮儀或行為舉止會受到表揚，可能從客戶或初次見面的人口中獲得讚美。如果制服脫下來隨意亂丟，讓人留下負面印象，代表可能會因不懂「常識」而做出丟臉行為。

刺

例如……
- 被圖釘刺到手指
- 被玫瑰的刺刺傷
- 被榻榻米的草屑扎到腳

暗示一時之間無法動彈，可能會不小心弄丟家裡的鑰匙或遇到電車停駛，如果有重要的事情要做，記得預留緩衝時間。可能會在失去退路之後收到人事異動通知或異性的告白。

刻印十元

例如……
- 在找錢時剛好拿到刻印十元
- 發現有朋友在蒐集刻印十元
- 從舊存錢筒裡找到刻印十元

邊緣有無數刻印的十元硬幣是財運上升的預兆，可能會獲得更多收入或更好的生活，如果帶來這些變化的契機是轉職或創業，代表「這份工作是你的天職」。

受傷傷口

例如……
- 留下傷口
- 看到身上有傷的人
- 舊傷復發

小傷代表會發生難以釋懷的事，如果對現況有所不滿，記得適度紓壓。反之，看到大片傷口則是內心的不安即將消失的前兆，也許會發生意想不到的大逆轉。

呼吸氣息

例如……
- 呼吸急促
- 發現自己在嘆氣
- 在意呼吸的節奏

「氣息」代表「生命」，是所有生物的象徵，你可能因為某件事發現自己雖然不起眼，卻仍然是不可或缺的存在。深呼吸則代表靜下心來就會發現答案。

咖啡

例如……
- 拜訪的對象端出咖啡招待
- 身邊的人都在喝咖啡
- 剛好看到自動販賣機的咖啡

暗示會發現讓你興奮不已的新興趣，行動力提高，積極投入其中。此外，將會與年長的異性墜入愛河，會在和興趣有關的團體內，一口氣縮短與對方的距離。現在應該先以工作為重。

坡道

例如……
- 經過很多上下坡的城鎮
- 爬上陡峭的上坡
- 到建在坡道上的人家中作客

暗示周圍對你的評價，上坡代表人氣逐漸攀升，繼續維持現狀即可；下坡代表可能造成他人的不信任，記得以謙虛的態度示人；而蜿蜒崎嶇的坡道則代表要小心突發事件。

垃圾
廢棄物

例如……
- 看到掉在路上的垃圾
- 有人往你家亂丟垃圾
- 房間裡堆滿垃圾

可能會搞不清楚什麼是必要的，什麼是不必要的。希望你不會因為堆了太多東西，最後嫌整理麻煩就全丟了。請謹記「總之先放著」是禁句。

垃圾食物
速食

例如……
- 忽然想吃垃圾食物
- 每天都吃垃圾食物
- 聞到垃圾食物的香味

暗示你可能會因為期限提前或對方表現出不悅而感到「著急」，加快速度趕工或試圖奉承討好會被對方牽著鼻子走，請你先深呼吸，從客觀的角度進行判斷，應該就能找回自己的步調。

奔跑
衝刺

例如……
- 看見正在跑步的人
- 看見馬拉松比賽
- 全力奔跑

身心都會變得充實的預兆。可能會比平常更容易保持集中，或因某人的幫忙而展現成果。也有可能養成新習慣，像是有效利用早上的時間健身。但是絆倒好幾次則暗示會有意料之外的陷阱，務必小心謹慎。

妹妹

例如……
- 和妹妹一起出門
- 偶然在街上看到妹妹
- 在妹妹不在的地方談論她

代表周圍對你的印象，如果「妹妹」的態度令你不悅，這就是身邊其他人對你的評價。這是在告誡你應該從客觀的角度自我檢視，注意自己不成熟或做不好的地方。

姊姊

例如……
- 有人說你和姊姊很像
- 和姊姊兩人逛街購物
- 和有「姊姊氣質」的人相處

代表你該效法的對象。遇到阻礙時模仿「姊姊」的言行舉止就能順利解決，不是親姊妹也沒關係，只要能「像姊姊的人」就行了。如果她是個不拘小節的人，以同樣的態度面對問題便能讓情況有所好轉。

官員

例如……
- 在新聞上看到官員
- 熟人當上政府官員
- 有機會和官員交換名片

暗示人際關係會變得很疏遠，逢場作戲的笑容或關心可能會招來反感。害怕受傷的人無法與他人深交，應該要先敞開心胸，主動示好。宜單獨和對方出去吃飯或出遊。

岩石

例如……
- 發現巨大的岩石
- 電視或雜誌上讓你留下深刻印象的風景中有一顆大石頭

這是現在做的事情將會成功的預兆。岩石的體積愈大，代表愈容易有好的結果，但需要花費的時間也會隨之增加。另外也是在警告你「過於固執會招致失敗」，圓滑的待人處事才能更接近理想的未來。

幸運草

例如……
- 在公園等地方發現幸運草
- 有人贈送幸運草造型的物品作為禮物

幸運草是最具代表性的幸運預兆，尤其對勝負運有加乘效果。記得當你做決定時，運氣會在後面推你一把。如果發現了幸運草，最好的作法是把它夾在手帳裡，只有自己看得到，才能讓好運的效果長存。

第2章／預兆關鍵字事典～解讀訊息的線索～

店員 服務生

例如……
- 很在意店員的態度
- 遇到奇怪的服務生
- 店員說明的內容有誤

請仔細觀察服務生的行為：友善周到的服務生是人際關係良好的徵兆；態度惡劣或感覺很差的服務生則代表可能會出現不好的謠言，請把溝通時的姿態放得比平常更低。

店家 商店

例如……
- 看見很特別的傳單
- 目光停留在招牌或菜單上
- 附近開了新的店

暗示從印象深刻的商品聯想到的事情會實際發生。愛情歌曲的CD是戀愛的預兆，健康食品代表可能會出現讓你下定決心要減肥的契機。這些可能是你現在最渴望的東西。

性行為

例如……
- 小說或電影有關於性的描寫
- 看見動物或昆蟲正在交配
- 朋友提起關於性的話題

會出現讓你怦然心動，「想要更深入交往」的異性。不過，千萬別表現得有如餓虎撲羊。原原本本的你會讓對方留下好印象，不需要想太多，用輕鬆從容的態度應對是成功的關鍵。

房間

例如……
- 邀請別人進入你的房間
- 有人在談話時提到你的房間
- 想要更換擺設

骯髒凌亂的房間暗示你的內心也會因為某件事情變得一團混亂，也許是心儀對象愛上別人，又或者是在公司的內部鬥爭晚人一步。把房間打掃乾淨可以驅散不好的運氣。整潔的房間代表萬事一帆風順。

披肩 圍巾

例如……
- 請別人幫自己圍好圍巾
- 禮物收到圍巾或披肩
- 遺失圍巾

收到禮物或讓別人幫自己圍圍巾，暗示會多一位你人生中的「主要登場人物」，而那個人的特徵是擁有足以包容一切的廣闊心胸。反之，遺失圍巾或披肩則暗示想要撒嬌卻找不到對象。

拍手

例如……
- 獲得別人的鼓掌
- 看見拍手的場面
- 聽見掌聲

受到祝福的預兆。能夠讓周圍的人放心。如果正在籌備大型企畫或婚禮，這個預兆代表「你的想法沒有錯，照這樣繼續進行」。也可能會受到表揚，或是在人前被大力稱讚。

拍賣 特賣會

例如……
- 有人邀你一起去特賣會
- 看到特賣會的宣傳
- 網路商場的限時特賣

暗示愛情的走向。在特賣會上挖到寶代表愛情會開花結果。如果想要的東西賣完了，則代表心儀對象或情人會被橫刀奪愛。用和平常不一樣的打扮或言行為一成不變的生活增加新意才能挽留對方的心。

放棄

例如……
- 想要的東西銷售一空
- 喜歡的人和別人交往
- 取消預定行程

可能會遇到讓你無論如何都不想放棄的對象或工作，或許是邂逅夢中情人，又或者是被交付重要的企畫案。發現放棄的預兆次數愈多就代表執著愈深。

昏倒
暈厥

例如……
- 在電視上出現暈倒的橋段
- 貧血或低血壓等身體不適
- 看到有人突然昏倒

自我否定的預兆。可能會因為內心充滿「不應如此」、「應該能更好」等負面情緒而失去冷靜。找出以前的照片、獎狀等肉眼可見的榮譽象徵，方能重拾積極正向的心態。

杯子
咖啡杯
玻璃杯

例如……
- 咖啡廳的杯子讓你印象深刻
- 收到熟人送的杯子
- 在遊樂園發現旋轉咖啡杯

可能會出現讓你不再逢場作戲，而是願意投注真心的對象。在茫茫人海中找到無條件愛著自己的人並不容易，即使對方的外表不符合你的喜好，最後還是會成為你心目中的「第一名」。

東

例如……
- 風從東邊吹來
- 出門辦事的目的地都集中在東邊
- 前往地名有「東」字的地方

出現新氣象的預兆，會對未知的事物充滿期待，不要在接觸之前先排斥，請積極嘗試各種事物。此外也會和年輕人很有緣，傾聽後輩或孩子的意見會從中得到有用的資訊。

松

例如……
- 發現松樹
- 發現松果
- 喜歡松香的入浴劑

暗示抗壓性差，可能會感到害怕或半途而廢。最根本的原因是因為缺乏體力，如果有時間垂頭喪氣，不如好好調養身體，可以預約比較高級的按摩店。

松鼠

例如……
- 在寵物店看到松鼠
- 有人邀你去看松鼠的地方
- 發現松鼠卡通人物的商品

暗示有機會重新檢視理財或儲蓄方法。也許能得到有用的資訊，以划算的價格規畫保險或貸款等等。趁現在確認有沒有多餘的開銷將會改變未來的財務狀況。

河川

例如……
- 在河邊散步
- 前往地名有「川」字的地方
- 前往溪谷

暗示你正站在決定止步或跨步向前的重大分水嶺。湍急的河水是你還沒做好心理準備的證據，內心的一部分並不想要改變，因此切勿強求。平穩的河流則代表果斷下定決心方為大吉。

沼澤

例如……
- 看到有「沼」字的地名或人名
- 前往沼澤地
- 在電影裡看到有人沉入沼澤的場景

暗示情緒管理的煞車失靈。可能會因為不小心破口大罵或失言而導致自己失去信用。周圍的氣氛也會比平時更緊張，記得要刻意表現出謙虛的態度。

注射

例如……
- 因為突發疾病注射治療
- 接種疫苗
- 看見因為打針嚎啕大哭的小孩

湧現正義感的預兆。可能會看不慣身邊某個人的言行舉止，無法盲目接受，反而產生強烈的反感。如果內心做好覺悟，不妨貫徹自己的正義。也許會讓意外的人物欽佩不已。

狐狸

例如……
- 發現狐狸造型的東西
- 剛好點了炸豆皮烏龍麵
- 顏色像狐狸一樣的麵包

運勢忽然改變的預兆，有機會挽回曾經放棄過的事情。但同時也是背叛的徵兆，深信不疑的朋友或同事或許會背叛自己。愈溫柔的人愈可疑，愈嚴厲的人愈可靠。

狗

例如……
- 母狗生了小狗
- 被寵物狗咬傷
- 和寵物店的小狗四目相接

疼愛小狗是找到最佳拍檔的預兆，可能會發展出不受性別、年齡限制的信賴關係。但是被狗咬則代表會有生病或受傷的風險，此時不宜勉強，需謹慎待之。

玩樂

例如……
- 比平常更有活力
- 在工作時間安排週末的計畫
- 得知吸引人的活動資訊

現在的你似乎厭倦了一成不變的每一天，希望能夠趕快脫離現狀，在這個迫切期望改革的當下採取行動更容易讓事態好轉，萬事起頭難。

糾紛衝突

例如……
- 看到有人正在吵架
- 聽到爭執聲
- 被要求擔任和事佬

內心出現迷惘或糾結，心思亂成一團。工作或人際關係的發展不如預期。比起「該怎麼做」，不如先思考「想怎麼做」。做自己才能打破陷入僵局的現況。

肥皂洗手乳

例如……
- 搓出漂亮的泡泡
- 更換補充包
- 更換新的或不同香味的肥皂

結束惡運的機會即將到來。原本肥皂就因為被用來清潔汙垢而被作為淨化用品。也許從前犯下的過錯會得到原諒，或是有機會為後悔的事做出補償，千萬別錯過。

肩膀

例如……
- 最近肩膀很僵硬
- 看到肩膀上有裝飾的衣服
- 有人拍你的肩膀

你可能會熱衷於某件事，小心不要因為過度沉迷，被身邊的人指責「厚此薄彼」。另外也可能是肩負重任的預兆，不需要想得太嚴重，四兩撥千金地輕輕帶過才是正確答案。

芝麻

例如……
- 想吃用芝麻做的甜點
- 淋了芝麻醬的生菜沙拉

古巴比倫認為芝麻具有成就戀情的效果，可能會有機會吸引心儀異性的目光。拋開猶豫，果斷出擊，好運將會一波接著一波。單身的日子就快要結束了。

花

例如……
- 禮物收到鮮花或用花做的東西
- 覺得路邊的花朵很美麗
- 品嘗加了食用花的料理

身心出現問題的預兆。可能會生病或是情緒陰晴不定。開始抱著過去的榮耀不放是危險訊號。不要什麼事都自己憋在心裡，別忘了還有依靠醫生或諮商師等專業人士的選項。

花生
落花生

例如……
- 找到花生奶油
- 收到落花生
- 發現特價品有花生

財產愈來愈多的預兆。有可能是收入增加，也有可能是持有物或不動產的價值提高。經營網拍等副業會有好運降臨，如果正在猶豫的話，這些有讓你一試的價值。

金
金色

例如……
- 看到金塊的照片
- 拿到亮晶晶的硬幣
- 甜點上有金箔

豪華燦爛的金象徵滿溢而出的生命力及財富，內心出現餘裕後，自然會找到比較高的目標。低劣庸俗的金則是因為驕矜自滿而一敗塗地的預兆，尤其要小心禍從口出。

金星

例如……
- 在天上看到金星
- 發現金星的符號（♀）
- 聽到「Venus」這個單字

暗示性感度和魅力值大增。金星是愛與美的女神維納斯的象徵，會向人們傳遞愛情的喜悅。現在的你擁有絕佳的愛情運，和平常不同氛圍的妝容或穿搭會提高成功機率。

金牛座

例如……
- 收到金牛座友人的聯繫
- 在四月底～五月底有很多行程
- 認識很多金牛座的人

金牛座擁有在十二星座當中最容易獲得預兆的體質，尤其和重要的人待在一起會察覺到重要的預兆；但感覺到孤獨會讓第六感變遲鈍，請不要盲目相信這時的預兆。

門

例如……
- 自動門沒有反應
- 門剛好打開了
- 門比想像的還輕

新世界正在向你招手的預兆。向外開的門暗示人脈擴張，有機會獲得更好的環境。向內開的門則代表周圍的人會認同你的成長，職位會有所提升。

門鈴

例如……
- 門鈴難得響了
- 在朋友家聽到門鈴聲
- 聽見鄰居家的門鈴聲

這是來自上天的肯定，代表你正在做或思考的事情是正確的。讓你猶豫的時間到此結束，如果按照自己的想法開始為進入下一個階段進行準備，應該就能一口氣竿頭直上。

雨

例如……
- 在踏出家門的瞬間開始下雨
- 期待已久的活動因雨取消
- 天氣預報說會放晴卻失準而下雨

有可能會收到來自上天的驚喜。滂沱大雨是情緒高漲的預兆，會因為收到好消息而興奮不已，但是太過激動反而有可能招致失敗，請適度收斂情緒。

青春痘

例如……
- 自己長痘痘
- 很在意別人的痘痘
- 抗痘保養品掀起話題

自己長痘痘是事物煥然一新的預兆，可能會遇到新的部下、新企畫或新的公共用品。身邊的人長痘痘則代表會與對方交惡，切記不要招惹對方就不會惹禍上身。

青蛙

例如……
- 動物節目的青蛙特輯
- 在路邊看到青蛙
- 青蛙圖案的雜貨

發生變化的前兆。如果青蛙的顏色是鮮豔的綠色，代表會發生升遷、告白等令人開心的好事；而如果是可怕的暗色系，則可能會發生讓人擔心的事件。

【 九畫 】

便當

例如……
- 有人替自己送便當
- 同事向你炫耀他的便當
- 有人偷偷準備便當作為驚喜

即將展開新的戀情。配菜的種類愈豐富，代表有愈多潛在對象，可能是同事、舊友或剛認識的人等等。已經有對象人則代表你們之間的關係有望更進一步，也許會擁有一段不曾體驗過的甜蜜時光。

便祕

例如……
- 容易便祕
- 聽到跟便祕有關的話題
- 肚子脹脹的

可能會不得不把想說的話憋在心裡。即使下定決心製造可以討論這件事的場合，也可能會遇到臨時必須加班或假日要上班的情況。這時，就算只是傳訊息簡單陳述也可以，重點在於讓對方知道這件事。

保密祕密

例如……
- 有人向你傾訴祕密
- 自己的祕密曝光
- 得知別人的祕密

暗示會結識獨一無二的對象，例如可靠的上司或親密好友。也可能會發展成延續一輩子的交情。但祕密曝光或有人洩密則另當別論。愈是疑神疑鬼，就愈有可能遭到嚴重背叛。

信郵件

例如……
- 錯過信件
- 因為收件人不明被退回
- 收到寄給別人的信

暗示情況會與信的內容正好相反，好的內容是災難降臨的前兆，可能會有人在你正得意時趁虛而入，不要因為一點小事就過度反應；不好的內容其實是異性或上司會帶來好消息的預兆。

前

例如……
- 很在意前座的人
- 走在前面的人回頭看
- 排隊排在前面的人

前面的人的情況暗示著你的未來。例如情侶代表你可能會交到男友或女友，帶著小孩的人則代表可能會有小孩。而如果對方看起來焦躁不安，代表你可能會因為某件事情累積許多內心的不滿。

前男友前女友

例如……
- 遇到前男友或前女友
- 收到前任的聯絡
- 翻到充滿兩人回憶的物品

除了對前任情人的依依不捨之外，還暗示在工作或興趣上，也會因為對「過去」的執著而招致失敗。用以前的感覺做決定讓你嘗到苦頭，但前任說過的話也有可能藏著能讓「現在」成功的線索。

南

例如……
- 認識在南方出生的人
- 因為出差等因素前往南方
- 很在意熱帶國家的文化

成功的能量源源不絕湧現的吉兆。可能是立場提升或關係更進一步，又或是在關鍵時刻拿下勝利。自然成為萬眾矚目的焦點。因為隨時都有可能在人前露面，要多注意自己的服裝儀容。

南瓜

例如……
- 餐廳送來的菜裡有南瓜
- 烹飪節目用南瓜做菜
- 收到南瓜口味的甜點

可能會發生讓你感到意外或受到衝擊的事，但程度其實無傷大雅，不需要太過擔心。另外，南瓜也是驅除邪氣的預兆，可能會擺脫跟蹤狂的騷擾或金錢糾紛。

咳嗽

例如……
- 突然嗆到
- 聽到很大聲的咳嗽聲
- 被別人傳染咳嗽

代表跟隨「內心的聲音」才能做出正確的選擇。要繼續工作，還是要追尋夢想？要憑感覺來選，還是要按條件來挑？也許不必在意社會觀感或周圍的目光。但妄加揣測會讓自己後悔莫及。

哀愁

例如……
- 氣氛哀愁的背景樂
- 在一天的最後感到落寞惆悵
- 書或電影最後是壞結局

心情和表現出來的態度不一致的預兆。也許臉上在笑，內心卻在暗自哭泣。容易因為虛張聲勢而招來誤解或難以被理解，多展現自己脆弱的一面才能讓情況好轉。

城跡 遺跡

例如……
- 參與考古調查
- 獲得骨董
- 有機會參觀古城遺跡

代表你被過去束縛卻不願面對，同時也是要你「好好做個了結」的忠告。但如果遺跡給人沉穩平靜的印象，則代表過去的回憶是你的心靈支柱。

幽浮

例如……
- 看到幽浮特輯
- 有人推薦你跟超自然有關的書
- 幽浮在周圍掀起話題

暗示會發生你從來不曾想過的事情，例如奇蹟般的重逢、在機會渺茫的情況下雀屏中選等一輩子難得有一次的珍貴體驗。一方面也可能會因為誤會而鑄下大錯，最好不厭其煩地反覆確認。

幽靈 鬼魂

例如……
- 感覺到靈的存在
- 有機會聽鬼故事
- 觀看靈異節目

會收到訊息或電話傳來的求救訊號，同事或朋友很有可能遇到了麻煩，「很有你的風格」的想法應能找到解決問題的線索。如果想到某個符合敘述的人，也可以主動聯絡對方。「雞婆」反而會變成一件好事。

建造 建設

例如……
- 家人或朋友蓋了新房子
- 夢見玩積木的夢
- 擬定某個計畫

可能需要多注意身體健康，徹底做好漱口、洗手這些基本的衛生習慣。尤其要小心生活習慣病，如果知道自己有運動不足或暴飲暴食等問題，就應該立刻改善。只有現在的你可以拯救未來的自己。

待命等待

例如……
- 跟別人約見面但對方遲到
- 等公車或電車
- 排隊

仔細注意等待的時間：只等了一下是小小的心願成真的前兆，例如「得到休假」等；等了很久則是暗示你會和個性不合的人進入同一個團隊，這個禮拜可能會過得很憂鬱。

後背後

例如……
- 坐在電影院最後一排的人
- 跟在自己背後的人
- 偶然回頭看見的景色

代表「過去」的失敗，而線索就藏在後面那個人的行為當中，假如聽到對方在討論工作上的失敗經驗，代表你可能漏掉了到某個地方，再確認一下有沒有不小心被遺忘的郵件吧！

後輩部下

例如……
- 收到後輩或部下的訊息或電話
- 後輩或部下先對自己打招呼
- 在休假時巧遇後輩或部下

把「自己未能達成的目標」投射在後輩身上，小心過度施壓會讓對方落荒而逃，或是讓彼此的關係出現裂痕。別把自己沒做到的事情託付給其他人，再挑戰一次，一定會成功。

思考

例如……
- 看到正在煩惱的人
- 「思考法」、「想法」等，對名中有「思」或「想」字的書印象深刻

逃避職責或無法達成基本期望值的預兆。如若繼續如此，將會喪失其他人對你的信賴，回歸「初衷」方能提升動力。這是上天在提醒你轉換心情。

怨恨

例如……
- 發生讓自己悔恨的事
- 無法原諒某件小事
- 容易焦慮

代表你會執著在不必要的事情上，例如被已經分手的前任或不再穿的衣服囚禁了自己的內心和生活。若想放下固執，必須要開拓視野，強迫自己嘗試新的事物，情況應該會有所改變。

拯救幫助

例如……
- 看見救援現場
- 幫助有困難的人
- 受到陌生人的幫助

可以測量出「內心的剩餘容量」。如果是幫人的一方，代表尚有餘力，插手介入別人的事能提高周圍對你的評價。如果是被幫助的一方，代表目前需要休息，勉強行事可能會失去重要的東西。

指導者教練

例如……
- 遇見以前的教練
- 在體育節目看到教練
- 認識在當教練的人

可能會遇到有點棘手的情況，就算覺得麻煩，也不可以裝作若無其事。看見有困難的人就要伸出援手，總有一天，他們會成為與你共患難的「夥伴」，一同分享巨大的成功。

指甲

例如……
- 保養指甲
- 有人稱讚你的指甲
- 很在意別人的指甲

盯著指甲看暗示經濟困頓或在資金周轉遭遇困難。保養指甲是環境發生變化的預兆，也許可以把握機會突破因為財務上的限制而充滿各種不自由的現況。

指路

例如……
- 被人問路
- 推薦的店大受好評
- 汽車導航故障

代表未來一片光明的吉兆，原本尚未明朗的事情，也會因為視野變得開闊而感到安心。讓你頭痛不已的問題已經消失，所以大可放心地執行計畫，不用猶豫，果斷踏出下一步吧！

施工

例如……
- 很在意施工發出的噪音
- 上班或上學經過的路正在施工
- 工地的工人向自己打招呼

出現轉機的預兆。假設這個轉機是搬家，遷移自己作為基石的住所，也許可以讓問題神奇地獲得解決，或是得到意料之外的好運。這是改變情勢的大好時機。

施工中的建築 興建中的建築

例如……
- 家附近有大型開發案開工
- 走到哪裡都看到正在興建的新設施

可能會因為理想與現實之間的落差而痛苦不堪，或是腦中明明有明確的願景，卻苦於沒有可以實現它的手段。距離實現夢想還需要一段時間。穩穩地做好現在能做的事吧！

星星

例如……
- 著迷地望著一如往常的星空
- 很在意星星造型的物品
- 不自覺地畫出星星符號

代表能順利通過終點線，被眾人的歡呼聲包圍，接著馬上就找到下一個目標。從明天開始便能用像新生一樣煥然一新的心情迎接挑戰，不需要多作休息就能在起跑後全力衝刺。

柳橙 橘子

例如……
- 經過橘子園
- 店員送來自己沒有點的橙汁
- 收到橘子或柳橙

這是從失戀的情傷或工作上的失敗重新振作的預兆，會自然而然地意識到自己的優點或環境中的正面要素。你還會在千鈞一髮之際躲過意外或災難，即使遭遇不幸的事，也應該要慶幸沒有造成更大的傷害。

洋蔥

例如……
- 店員端來你沒有點的洋蔥料理
- 收到別人送的洋蔥

暗示能夠維持平穩幸福的生活。現在開始從事某件事，應該可以從中找到樂趣並持之以恆。要不要報名參加正在猶豫的講座或才藝班呢？另外，會與最近剛交往或剛認識的人發展出長期的關係。

洗淨 清洗

例如……
- 清洗平常不會碰到的地方
- 改掉壞習慣
- 全盤托出

可能會想起感到內疚或想要從記憶裡抹去的失敗過往，若能真正「洗掉」那些記憶該有多好？然而事情未必能盡如人意。別再繼續假裝視而不見了，要不要試著坦然面對呢？

洞窟

例如……
- 到洞窟探險
- 發現防空洞
- 在洞窟躲雨

擺脫難題的預兆。像是因為平凡無奇的對話而解開誤會等等，可能會從微不足道的小地方發現解決煩惱的方法，心情如釋重負，才能用全身感受到存在於日常生活中，至今不曾意識到的喜悅或感動。

派對宴會

例如……
- 受邀參加派對
- 以主辦的身分參加派對
- 看見派對會場

氣氛歡愉的派對是人際關係變得平穩圓滑的前兆。你所在的交友圈互動良好，而且還會繼續擴大。覺得派對上「人很多」則代表會發生某件事，讓你深刻體會到自己是孤獨的。

流星

例如……
- 親眼目睹流星
- 從照片、圖畫或影片看到流星
- 歌詞裡出現「流星」

代表性的吉兆，象徵願望成真。無法觸及的對象可能會出現在眼前。或許會和條件很好的異性交往，或是得到超出實力的職位或薪水。如果是流星群，則代表有機會重新找回曾經失去的目標。

炸彈

例如……
- 看見爆炸的場景
- 在資料館等地看到真的炸彈
- 「炸彈發言」等詞彙

發生某件事讓你想要「砍掉重練」。你在外表、經歷等簡單明瞭的條件上都毫無勝算——即使出現這樣的強敵，也不需要感到悲觀。一定有什麼只獨於你的武器，帶著它便足以與對方拚個高下。

玻璃

例如……
- 收到玻璃製品
- 走進四面都是玻璃的房間
- 窗戶破掉

展示窗等乾淨無瑕的玻璃是迴避凶險的預兆，也許能躲過人事異動或失戀危機。但是，有裂痕或缺角的玻璃則是事故或受傷的凶兆，更換新品便能遠離災厄。

相簿照片

例如……
- 有人把聚餐或旅行的相簿上傳到社群網站
- 偶然發現以前的照片

代表聯繫照片裡的人會發生好事，對方可能會介紹做生意的機會或異性給你。對社群網站上的PO文積極按讚也會有很好的效果，很有可能收到對方的反饋。

眉毛

例如……
- 眉毛修壞
- 很在意自己的眉形
- 遇到眉毛很有特色的人

粗眉毛是獲得他人認同的預兆；細眉毛代表會擁有充實的個人生活。把眉毛修壞代表可能會對與父母或朋友之間的關係感到不安，自以為是的發言可能不會讓情況有所改善。

祈禱許願

例如……
- 想依賴無形的力量
- 發生某件事讓你感嘆自己的無力
- 收到婚喪喜慶的通知

你最近可能會想依賴超越人類智慧的神祕存在，若能拋棄固執的想法，也許會經歷一段神奇的體驗。切記，把團體利益放在個人前面，最終還是會讓個人有所獲益。

紅心♥

例如……
- 心型的雲
- 看見配戴心型物品的人

感受到各種不同形狀的「愛」的前兆。情人可能會再次對你傾訴愛語，或是家人對你表達感謝。同時也是克服困難的預兆，可能會發現很可怕的人也有溫柔的一面。

紅綠燈

例如……
- 連續好幾次被紅燈攔下來
- 一路都是綠燈，通行無阻

沿路都是綠燈代表「別停下腳步，繼續向前」，即使周圍的人都強烈反對，你也要堅定立場，強行突破，以後就會知道這個判斷是「正確的」。紅燈則是相反的意思。

紅色

例如……
- 一直出現紅色的食物
- 看到舉紅牌的畫面
- 一直遇到紅燈

腦袋過熱的預兆，可能會深深醉心於心上人或情人，或是對工作充滿熱情。要記得，比起擺出一張撲克臉，展現真實的情緒更容易獲得好的結果。

紅茶

例如……
- 禮物收到紅茶
- 招待的茶水是紅茶
- 收到茶會的邀請

也許能向外拓展交友圈。一個人待著既不開心，也不會有所成長。如果明天沒有安排計畫的話，馬上打開手機裡的聯絡人清單吧！另外，風味紅茶則暗示會有一段充滿情調的甜蜜戀愛。

紅蘿蔔

例如……
- 放了很多紅蘿蔔的咖哩
- 前往知名的紅蘿蔔產地
- 看到紅蘿蔔的食譜

在公私兩方面都大受歡迎。可能會在人事異動時被各單位搶著要，或是被交付許多工作。也會遇到很多異性來向你獻殷勤。為了不錯過任何一件事，記得排列先後順序並調整行程。

美術館 博物館

例如……
- 臨時有人邀你去參觀博物館
- 結識館員
- 有人讓票給你

可能會沉浸在懷念往昔的情緒當中。所謂的人生就是會在偶然回顧過去時，發現解決眼前問題的線索。試著接觸回憶中的地點或事物吧！但切勿用回憶逃避現實，用輕鬆的心情稍微窺探一下即可。

背部 背影

例如……
- 背部結實壯碩的人
- 駝背被別人提醒
- 背後有寫字的T恤

寬廣結實的背代表會出現可靠的夥伴，弱不禁風的背代表會出現想要保護的對象；對前者的過度依賴或對後者的過度保護會導致玉石俱焚的結果，切記凡事適度就好。

背負

例如……
- 背著大背包
- 父母背著孩子的畫面深深映入腦海

可能會有人把工作或責任強加在你身上，或是因為把這些承接下來而備感壓力。也許你把事情想得太嚴重了，先冷靜一下，只要踏出第一步，後面會意外地變輕鬆。

胖

例如……
- 看到身材臃腫的人
- 覺得衣服變緊了
- 搭電車時兩邊坐著很胖的人

口袋變深的預兆，可能會因為增加收入來源而獲得未來的保障。但是對自己的體型感到羞恥則另當別論，這暗示你可能會因為被吹捧兩句就衝動購物，或是因為愛慕虛榮導致花費增加，請務必看緊荷包。

胡桃

例如……
- 收到胡桃麵包
- 使用胡桃的下酒菜
- 松鼠吃胡桃的圖畫

精神非常集中的預兆，在準備證照、升學考試或需要耐心處理的文書作業上能夠一目十行、進展神速。此外，還會懂得利用欲擒故縱馳騁情場，彷彿像是被不放過任何獵物的「策士」附身了一樣。

英雄

例如……
- 迷上虛構的英雄
- 看到運動選手的賽後訪問
- 看到做出英勇行為的人

對電影或漫畫裡的「英雄」留下深刻印象是自己也會大顯身手的預兆，會擁有像主角一般的待遇。如果朋友做出英雄般的行為，雖然你們的關係會變好，但也可能會因此心生嫉妒。

訂貨點餐

例如……
- 訂單被弄錯
- 下錯單
- 點的餐賣完了

點餐不順利代表距離達成目標還需要花上一段時間。即使期限將至，也可能會發生風波，千萬不可掉以輕心。視情況可能必須全部重新來過，也可能會因為已經結束的事情遭到批評。

計程車

例如……
- 計程車過而不停
- 被計程車挑釁
- 把東西忘在計程車上

如果被眼前的利益蒙蔽了雙眼，會害你失去重要的事物。比起明天應該想想下週；比起下個月更該想想明年，想清楚對未來的影響再做決定。此外，比起同時並進，一件一件慢慢來會比較容易把事情處理好。

軍隊

例如……
- 看到軍事遊行
- 看到穿迷彩服的人
- 看見軍人主題的卡通人物或物品

可能會被捲入重大的意外事件，但無法馬上判斷這件事情是好是壞。不過由於腎上腺素的影響，你會發揮高於以往的潛力，行動力幾乎是平常的兩倍。

陌生同性

例如……
- 對方認錯人
- 在酒吧結識陌生的同性
- 參加講座時坐在隔壁

如果對方給人的印象很好，代表你因為某件事深刻感受到心靈的成長。例如在重要場合泰然處之，或是遇到突發狀況臨危不亂。給人的印象很差則暗示你的自卑感會加劇，可能遇到讓你驚慌失措的場面。

陌生異性

例如……
- 請對方幫忙撿自己掉的東西
- 撞到陌生異性
- 透過社群網站進行交流

暗示非常適合你的異性類型，又或者是會有這樣的人出現。即使第一印象沒有讓你怦然心動，你們相處起來也相當融洽。這是上天要你注意到總是被你不自覺掐斷的戀愛機會。

陌生的地方

例如……
- 迷路走到陌生的地方
- 被別人帶到陌生的地方
- 旅行時發現鮮為人知的祕境

如果那個地方讓你覺得很感動或給人的印象很好，代表你會受到矚目。可能會發揮出意外的才能。如果那裡讓你產生不安等負面情緒，代表可能會因為過度謹慎而無法前進。有時候也需要大膽一點。

降落傘

例如……
- 看到飛在空中的降落傘
- 夢到跳傘的夢
- 結識興趣是跳傘的人

結束的時刻即將到來，像是煩惱許久的事情出現明確的答案，或是和交惡的對象重修舊好。不過，也可能代表你一直憋在心裡的事情終於畫下句點。總而言之，這個預兆代表會出現「新的道路」。

韭菜

例如……
- 有人用韭菜料理招待你
- 在超市之類的地方看到韭菜
- 常吃韭菜煎餃

你所在的群體會遭遇災難，但是你本身卻成功逃過一劫，存在感因此自動提升。好好把握機會並積極行動，將能化災為福，趁機出人頭地，或贏得眾人的喜愛。

音樂

例如……
- 在店裡或廣播節目聽到的音樂一直在腦內循環撥放
- 剛好看到音樂節目

讓人心曠神怡的音樂暗示內心充滿富有創造力的想法，代表無論在工作還是興趣方面都能發揮藝術天分；反之，刺耳難聽的音樂則是出現阻礙的預兆，可能會有人要求你照本宣科。

音樂家 歌手

例如……
- 結識音樂家
- 和帶著樂器的人擦身而過
- 看見在街頭演奏的人

你可能會被孤獨寂寞的感覺淹沒，即使表現出放棄爭取或故作堅強的模樣，你的內心是否依然渴望得到更多關注？下定決心做某件事情會幫助你改善現況，要不考慮出去旅行或學習才藝吧？

音樂會 演唱會

例如……
- 得知喜歡的藝人的演唱會資訊
- 觀賞音樂會的機會變多

音樂會暗示性慾高漲。比起個性或條件，更傾向於從外表或性感的氣質來挑選異性。例如搖滾音樂節等等，愈是熱鬧的活動，這種傾向就愈強烈。可能會有開放式的戀愛關係。

風

例如……
- 冷氣的風很強
- 觀賞風的效果令人印象深刻的電影
- 風在打開門窗的同時吹進室內

從桎梏中解脫的預兆，除了周圍施加的束縛之外，還能擺脫畫地自限的牢籠，讓心情如釋重負。會因為某個契機產生生前所未有的想法，或是朝實現夢想跨出一大步。

風箏

例如……
- 看到放風箏的人
- 風箏破了
- 風箏斷線飛走了

暗示你覺得很棒的點子實際上可能只是紙上談兵或毫無意義。很可惜，這似乎並不是一個好主意，最好聽取他人的意見，從空泛的想法回到現實面。

飛機

例如……
- 前往機場附近
- 近距離目睹飛機
- 看見飛機造型的物品或商品

想要「冒險」的預兆。可能會想要挑戰未知的工作或興趣，或是前往不曾去過的地方。但只憑一股衝勁做事可是會害自己嘗到苦頭。除了衝勁之外，還要事前做足準備。

飛機雲

例如……
- 以藍天為背景的飛機雲
- 在同一天看見好幾次飛機雲
- 別人先發現了飛機雲

心境出現變化的預兆。被負面想法占領的大腦變得樂觀積極，充滿「想要行動」的欲望。只要跟隨這種心情，迅速採取行動，便能將想要的東西收入囊中。

飛翔

例如……
- 在空中飛行的夢
- 飛機的模擬飛行體驗
- 看見飛行傘

現在進行中的事情會非常順利的吉兆。就算喜歡的人沒有給你回覆，或是客人沒有把資料傳給你都不用著急，應該一天之內就會收到回音。小心催促會造成反效果。

飛行員

例如……
- 結識飛行員
- 夢到開飛機的夢
- 朋友的男友是飛行員

有機會嘗試新的挑戰。可能會被交付新企畫，或是開始經營副業。現在開始做的事情會搭上上升氣流一飛沖天，筆直朝著成功前進。不用這麼保守，儘管放手嘗試有興趣的事物吧！

飛行場 機場

例如……
- 去機場接送他人
- 新聞上出現機場的畫面
- 在機場過夜

這是上天在對你說：「能做到這件事情的人非你莫屬。」此時你的腦中充滿靈感，應該積極發揮出來，每個點子都能大獲成功，也許還能創下前所未有的紀錄。

香氛 線香

例如……
- 發現喜歡的香氛
- 職場的氣味變了
- 禮物收到線香

也許會發生讓心靈獲得洗滌的事情。從魔法的角度來看，香氛擁有淨化場地的功能，或是本身就具有某種能量。因為香氛有沉澱心靈、穩定心緒的效果，所以也可以刻意焚香。

香水

例如……
- 走進香水賣場
- 自己喜歡的品牌推出新香水
- 擦肩而過的人身上有噴香水

這是在對你對待愛情的態度發出警告。你的作法是否太大膽了呢？也許覺得開心的人只有你自己而已。與其緊迫盯人，現在更適合後退一步。認真看著對方的眼睛說話會有很好的效果。

香腸

例如……
- 在以香腸聞名的餐廳舉辦餐敘
- 年節禮品收到香腸

可能會輸給不好的誘惑。平時覺得稀鬆平常的話語，現在忽然充滿吸引力。尤其容易輸給性方面的誘惑。聽起來很舒服的話語其實別有用心，記得保持警戒，一時的鬼迷心竅會成為致命一擊。

香菸

例如……
- 被帶到吸菸區的座位
- 忽然聞到菸味
- 看見香菸的自動販賣機

暗示負面情感在內心深處不斷堆積，即使情況沒有糟到無可挽救，也很容易陷入絕望。記得只要放寬視野，看見事情的另外一面，一定能從中找到正面的要素。

【十畫】

修理 修復

例如……
- 用自己的方法修理東西
- 維修手機
- 老家重新整修

代表在職場或交友圈的人際關係存在必須修復的問題，如果不盡早處理，可能會演變成談判破裂或絕交等無法挽回的局面。尤其要注意，如果修理的是電子機械，這種傾向就更強烈。

倒三角形

例如……
- 電梯的「下樓」按鈕
- 對倒三角形的標誌印象深刻
- 飾品的形狀

精神不穩定的危險訊號。缺乏自信，被周遭其他人的意見影響，但是最後很有可能發現選擇自己的意見才是對的。如果覺得情緒起伏很大，不妨試著尋求他人的協助。

冥王星

例如……
- 聽到跟冥王星有關的話題
- 看到冥王星的符號（♇）
- 聽到英文「Pluto」

代表某件事情即將結束的預兆，但不需要因此感到失落，因為你可以趁機告別想戒掉的壞習慣或不好的緣分。冥王星掌管「死亡」與「重生」，那裡並非一片荒蕪，大地之下其實藏著種子。

原子筆 筆

例如……
- 把筆寫到沒水
- 有人向你借筆
- 遺失筆

暗示你的意見會得到周圍的認同，別害怕被別人取笑，積極舉手發言吧！可以在社群網站或影片分享網站上展現自我或發表作品，也許能藉此獲得意外的機會。

哥哥

例如……
- 和哥哥吵架或爭奪遺產
- 和哥哥兩人單獨吃飯
- 久違地收到哥哥的聯絡

暗示內心男性化的一面占了優勢，舉止粗魯，情緒易怒，所以現在盡量單獨行動會比較好。而在另一方面，也可能會有新的邂逅或與他人交往，情緒會激動到難以自持。

哨子 笛子

例如……
- 從某處傳來哨聲
- 被哨聲攔下
- 目擊比賽開始／結束的瞬間

暗示身邊的人覺得你充滿魅力，可能會有旺盛的桃花運或受到同性的景仰，宜積極參加尋求邂逅的場合，不過你有本能勝過理性的傾向，要提防來自已婚人士的誘惑或一夜情。

哭泣 眼淚

例如……
- 看見正在哭泣的人
- 意外哭了出來
- 聽見小孩的哭聲

感受性很強的預兆。因為一件小事而深受感動。會因此有時間重新審視自己的人生。要不要先暫時拋下對將來的不安，把焦點放在「現在想做的事情」上呢？

埋葬 掩埋

例如……
- 埋葬寵物
- 行程滿檔
- 試圖填補人員的空缺

你是否因為失敗感到內疚而企圖隱瞞呢？就算瞞得過其他人，這個疙瘩也會永遠留在自己心底，不如乾脆將一切開誠布公，事情才會有所好轉。

害怕 恐怖

例如……
- 不由自主地觀賞恐怖驚悚或懸疑推理類型的節目
- 忽然沒來由地感到害怕

代表容易固執己見、不知變通。你是不是因為無法表現出自己真正的情緒而痛苦不堪呢？雖然重視協調性是一件好事，但請你意識到過度在意他人的目光反而會害自己綁手綁腳、動彈不得

害羞 臉紅

例如……
- 忽然想起令人羞恥到無地自容的過去
- 在人前臉紅

可能會遇到讓你能夠大肆炫耀自己的成果或能力的場合。不需要覺得驕矜自滿會招人厭惡。記得多表現自己才能夠提高評價、增加機會。參加典禮或集會會有好事發生。

家居服 睡衣

例如……
- 看見有人穿著睡衣出門
- 穿著睡衣的卡通人物
- 購買新睡衣

可能會出現讓你卸下心防的對象，說出鮮少對人傾訴的真心話或煩惱。另外，意外看到心儀對象穿睡衣的樣子是你的心意會傳達給對方的前兆，可以發展成在內心深處緊密連結的關係。

容貌 臉

例如……
- 有臉部特寫的廣告
- 物品恰巧映出自己的臉
- 對方在道別時不經意露出的表情

讓人印象深刻的笑容代表吉兆，人際關係會有所好轉，在溝通上順利融洽；相反地，傷心的表情則代表事情會陷入僵局，或是與周圍發生衝突，可能會暫時失去自信。

射手座

例如……
- 收到射手座友人的聯繫
- 在十一月底～十二月底有很多行程
- 認識很多射手座的人

仔細注意婚禮或派對等熱鬧的場合，裡面到處都是代表重要訊息的預兆，尤其特別容易替二選一的煩惱找到答案。偏頗的想法會害你錯失預兆，請放寬自己的視野。

島

例如……
- 決定前往某座島嶼旅行
- 島嶼成為討論話題
- 到島國出差

享受「個人時光」的預兆，會發現獨自旅行或一個人唱歌的樂趣，不妨鼓起勇氣嘗試看看。可能會在在家無所事事這種乍看像是浪費時間的行為裡感受到幸福。在精神層面將所向無敵。

恐龍

例如……
- 在博物館看見恐龍骨頭
- 看見恐龍造型的卡通人物

可能會參加露營、登山等戶外活動，投身於大自然可以獲得偉大的自然能量及提升運氣，週末宜遠離都市的喧囂，有別於日常生活的體驗對提升動力有驚人的效果。

料理

例如……
- 有人親手做菜招待你
- 有人邀你去上烹飪教室
- 禮物收到食譜

似乎有什麼正在你的內心悄悄萌芽，可能是某種至今不曾有過的情感或想法。若能順從自己的內心，將其表達出來，便能掌握千載難逢的大好機會。與其說是成長，更像是讓自己脫胎換骨的時候到了。

旅行旅遊

例如……
- 臨時決定展開「子彈旅行」
- 正在旅行的人捎來訊息
- 想起以前旅行的回憶

對旅行的印象會直接影響到現實層面：氣氛愉快代表明亮且充滿希望的每一天；悲傷惆悵暗示挫折或失戀；如果對踏上旅途的瞬間印象深刻，則表示近期會發生讓環境劇烈改變的事。

旅館飯店

例如……
- 投宿旅館
- 看見飯店的招牌或宣傳
- 看見有人從飯店走出來

人際關係可能會開始洗牌，新氣象也許會讓你感到震驚，但這是為了更近一步提升自己之必要過程。你會逐漸接觸不同類型的人群，也能在一週內見識到如世界一般寬廣的新知識。

時鐘

例如……
- 時鐘停／快／慢了
- 買新的時鐘
- 看到好看的時鐘

正常工作的時鐘代表可能會發生令人情緒激動的事。也許是和喜歡的人確認彼此的心意，或是和朋友大吵一架，觸動「真心」。另一方面，停下來的時鐘則是與某人的關係變得疏遠的預兆。

書

例如……
- 有人向你介紹他推薦的書
- 在書店咖啡館發現書
- 重新閱讀以前看過的書

代表求知欲旺盛。也許會參加講座或開始準備考證照。可以順從自己的渴望全心投入。雖然會擔心會花費的時間和金錢，但你付出的一切都會得到回報，大可放心。

書寫

例如……
- 填寫文件上的必要事項
- 電視上出現書法家
- 對專心寫筆記的人印象深刻

別人正在寫字的樣子暗示你會對處不來的對象心生不滿，或是出現跟身體有關的煩惱，但這些煩惱其實人人都有，不用想得太嚴重。要是在意自己所寫的內容，代表這些內容暗示著未來。

書架

例如……
- 書從書架掉下來
- 很在意外出地點的書架
- 沒有空間擺放新書

可能會因為得到的資訊量太大而感到頭昏腦脹。這些資訊有真有假、五花八門，必須審慎評估哪些才是真正需要且可靠的內容。匆促行事可能會失去他人對你的信賴，務必慎重小心。

書桌桌子

例如……
- 不小心坐到別人的座位
- 整理別人的書桌
- 有人在你的桌上塗鴉

乾淨整潔的書桌暗示充實的每一天，一天會獲得一次成就感或滿足感；骯髒雜亂的書桌暗示實力被低估，也許稍微誇耀自己的成果才能剛好讓其他人看見你。

校舍學校

例如……
- 經過學校前面
- 去學生街辦事的機會變多了
- 和朋友聊到母校

無論是在工作上還是生活上，對現況的不滿即將爆發。「以前多好」、「如果時間可以倒轉就好了」等等，你和身邊的人很容易陷入這樣的負面想法，尤其如果提到母校的話，這種傾向會更加強烈。

梳子

例如……
- 梳頭髮時，頭髮滑順不打結
- 新買了一把好用的梳子
- 向別人借梳子

只有梳子的話，是心儀對象的前任或同事等「情敵」現身的預兆。梳頭髮的動作則代表桃花運旺盛，會頻繁有人來要聯絡方式，因此應該要多往外跑。在意想不到的地方會有美好的邂逅。

浴室溫泉

例如……
- 沒來由地想打掃浴室
- 有人邀你一起去泡溫泉
- 前往大眾浴場

改變自己的好機會。試著從髮型或衣著下手，讓自己的外表煥然一新，或是挑戰未知的領域。你的「改變」會吸引身邊的人。在不知不覺間踏上更高的層級。

海王星

例如……
- 看到海王星的照片
- 看到英文「Neptune」
- 在新聞上看到海王星

你可能會有彷彿在夢境與現實之中穿梭的奇妙體驗，或許是一段令人難以置信的戀情，又或者是目擊到某個超現實的光景。此時的你擁有敏銳的第六感，能夠做出「天才」般的舉動，請相信自己的直覺。

桌遊

例如……
- 有人邀你一起玩桌遊
- 參加桌遊活動或比賽
- 在別人玩桌遊時從旁觀戰

遊戲時採用的戰術也許藏著豐富人生的線索，但不需要在意輸贏。如果對手行事謹慎，現實中的你就要大膽進攻；如果對方非常積極，則代表保守的作法能改善現況。試著套用在愛情或工作上吧！

氣球

例如……
- 氣球在眼前爆炸
- 忽然收到氣球
- 看見氣球藝術品

這是在祝福你美夢成真，代表實現愛情、目標或得到想要東西的預兆，也有可能會被求婚。即使遭遇挫折，幸運也已經近在咫尺，事到如今千萬不可以半途而廢。

海

例如……
- 有機會去看海
- 計畫去海水浴場玩
- 搭船

海上風平浪靜是好運降臨的預兆，不須大費周章也會有好運接連而至；另一方面，海上波濤洶湧則是被其他人的言行蠱惑的預兆，堅持自己的決定才會有好的結果。

海藍色

例如……
- 看到這種顏色的名稱
- 穿著海藍色的服飾、配件
- 藍色夏威夷口味的刨冰

可能會獲得彷彿穿梭在夢境與現實之間，不可思議的心靈撫慰。有人會找你一同欣賞充滿神祕感的表演或畫展。直覺敏銳，可以自然而然地做出正確的選擇。切記想太多只會讓思緒更加混亂。

海豚

例如……
- 電影或動畫裡出現海豚
- 水族館上演海豚秀
- 從船上看見海豚

這是問題成功獲得解決的吉兆。如果看到有人騎在海豚背上，代表現在是挑戰新事物的最佳時機，學習新的才藝或開發新的興趣將能持之以恆，每一次挑戰都能無往不利。

海軍藍 藏青色

例如……
- 在意的對象穿著藏青色衣服
- 看見有「紺」字的地名或人名
- 收到海軍藍的物品

可能會因為某件事情繃緊神經，也許是上司一席熱血的演說或另一半的真心話。會發現以往不想面對的「依賴他人」或「逃避現實」的一面。切記趁現在修正態度，才能夠讓自己更上一層樓。

消防車

例如……
- 聽見消防車的警笛聲
- 好幾台消防車接連經過
- 消防車停在家附近

努力會得到回報，有多少付出，就會有多少讚賞與成果。萬一發生預料外的情況也千萬別慌張，你現在擁有足夠的實力解決問題，讓周遭的人對你刮目相看。

烏鴉

例如……
- 自己丟到垃圾場的垃圾被烏鴉洗劫
- 發出奇怪的叫聲
- 有烏鴉飛到附近

發生不吉利的凶兆，尤其要小心與人起衝突，也可能會有人到處說你的壞話，同時也要對生病或受傷提高警覺。不過，如果烏鴉沒有引起你的反感，也可能是直覺很靈驗的預兆。

烏龜

例如……
- 到有養烏龜的人家中作客
- 在沙灘上發現烏龜
- 看到海龜產卵的新聞

代表至今為止的努力會開花結果的吉兆。只要孜孜矻矻地努力，就能得到對應的評價和結果，適合慢工出細活。即使遭遇阻礙，也能夠克服並實現心願。

烤肉

例如……
- 有人邀你烤肉
- 公司舉辦烤肉活動
- 前往可以在戶外烤肉的燒肉店

對烤肉活動的主辦人員印象深刻，暗示你可能會在某件事擔任領導者，被他人依賴讓你感到心情愉悅。若是別人找你烤肉，或是別人烤肉給你，則代表會備受寵愛，可能會遇到年長異性或過度保護的上司。

狸貓

例如……
- 遇到野生的狸貓
- 看見狸貓的卡通人物
- 看到關於狸貓的新聞

愛慕之情愈來愈濃烈。可能會因為太相信對方，導致發生一點枝微末節的小事就過度反應，覺得自己遭到背叛。過度的期待或信任只會造成對方的負擔，對方會想逃跑也是理所當然的。

狼

例如……
- 聽到狼的傳說
- 在電影或動畫看到狼
- 遇到被揶揄為「狼」的好色之徒

代表無法抵抗欲望的徵兆，被過於強烈的欲望蒙蔽了雙眼，容易粗心大意。要記得隨時都有人在看著自己。被狼咬傷的畫面暗示你想要隱藏的惡意會被攤在陽光下。

破

例如……
- 發現衣服破洞
- 拉門或紗窗破洞
- 有人失約

暗示一好一壞，正負相抵。如果遇到什麼好事，就會發生相同程度的不幸。相反地，也是惱人的問題獲得解決的預兆。就算失敗也有機會重來，大膽放手去做吧！

破壞損毀

例如……
- 不小心把東西用壞
- 把喜歡的東西用完
- 破壞舊習

破壞現在的情況並迎接新生的預兆。如果目前的處境不佳，千萬別放過這個大好機會。做出有別以往的選擇將會招來幸運之風。大可期待破壞之後的重新創造。

祖父母

例如……
- 夢到祖父母
- 收到祖父或祖母的聯絡
- 想去祖父母家玩

發現強大的友軍其實就在身邊的預兆。即使陷入困境也一定會有人伸出援手，可以安心放手一搏。比起建立新的人脈，不如先鞏固周遭的人際關係。

笑笑容

例如……
- 聽見某人的笑聲
- 讓別人笑出來
- 想出一定會引人發笑的笑話

吉凶參半。可能會同時體驗到開心和疲憊的感覺。對突發事件的看法可能會影響你的感受。此外，或許會因為太喜歡對方而發生有點丟臉的事。

粉紅色

例如……
- 看見粉紅色的天空或大海
- 蒐集很多粉紅色的東西
- 主題色是粉紅色

女性魅力大增，有機會招來新的戀情。以粉紅色為主的妝容或穿著會比較容易讓另一半或心儀對象小鹿亂撞。搭配和平常不同風格的衣服會更有效果。

能量景點

例如……
- 看到介紹能量景點的特輯
- 看到跟超自然有關的文章
- 被優美壯麗神社的照片吸引

比起每天發生的日常瑣事，更在意「活著的意義」等哲學課題。可能會對關於歷史或超自然現象的書籍、文章產生興趣。在精神上的變化會對日常生活帶來好的影響，例如不用得失作為判斷事物的基準。

草草坪

例如……
- 經過放牧場附近
- 看見叢生的雜草
- 看到草原的照片

精心整理過的草坪是願望成真的預兆。但是不用心照顧植物或寵物會導致運氣下滑，要注意自己的行為。恣意叢生的雜草暗示會有帶著惡意的人從中作梗，仔細關注對手的動向。

草莓

例如……
- 有人邀你去採草莓
- 一直吃到草莓口味的東西
- 商店推出草莓季

此時的你完美發揮出個人魅力，由於外在美處於最佳狀態，在心上人面前可以表現得積極一點，更精緻的妝感或肢體接觸會有很好的效果，而吃草莓會讓效果更加有效。

討厭

例如……
- 一直遇到討厭的人
- 不得不挑戰自己討厭的事物

代表必須改變自己的預兆，重點在於自己討厭的人、事、物，仔細觀察，應該會發現自己與對方的共通點。你應該刻意多接觸對方，作為讓自己「改頭換面」的參考。

討厭的食物
不敢吃的食物

例如……
- 用該食物招待異性或朋友
- 因為點錯餐而出現該食物
- 烹飪節目用該食物作為主題

你可能會在意想不到的地方發現克服心靈創傷的線索，把它變成笑話或從正面的角度思考也許會有不錯的效果。你的心境會發生變化，覺得以前認為很嚴重的問題其實沒什麼大不了的。

起司

例如……
- 想吃起司製品
- 發現起司專賣店
- 參加製作起司的DIY活動

容易心想事成的運勢。可能會抽到想要的票，或是成功轉職，進入想要的職場工作。切成硬幣形狀的起司是財運上升的象徵，可望獲得一筆小小的意外之財。

起床
清醒

例如……
- 突然被叫醒
- 收到morning call
- 在該起床的時間之前醒來

暗示一直壓抑在心中的某件事物即將爆發。可能很容易情緒失控，或是被欲望牽著鼻子走。一點小小的奢侈，像是比較好的沐浴油或高級巧克力等就可以讓自己恢復冷靜，試試看吧！

迷宮

例如……
- 收到別人親手製作的迷宮
- 有人邀你去玩逃脫遊戲
- 經過很複雜的路

輕輕鬆鬆就解開迷宮暗示已經做好心理準備，即使是交涉或告白等緊張的局面，也能夠用從容的態度泰然處之，結果自然也會隨之而來。花了很多時間解迷宮則是準備不足的預兆，應該要重新制定計畫。

迷惘

例如……
- 花很多時間決定要點什麼
- 走不到目的地
- 有人向你問路

可能會面臨你人生中的重大分歧點，例如「要跟隨哪一邊才好？」、「要繼續努力，還是要重新開始？」一定都不會是簡單就能夠決定的事。應該要把能夠仰賴的專家或第三者都問一遍後再做出判斷。

送
接送

例如……
- 看到接送的場面
- 受託接送某人
- 計程車錢由公司負擔

如果一直想連絡某個人，你可能會實際採取行動，而這個舉動會帶來新的戀情或商機，對你的人生造成巨大影響。錯過這次機會將會與對方斷絕聯繫，想到就趕快採取行動吧！

送行

例如……
- 受邀參加送別會
- 送別人到車站或機場
- 幫別人搬家

送行的時間愈長，被送行的人愈有可能會遇到災難，恐怕會在新的地方有一個不好的開始。不要在道別的時候拖拖拉拉，乾淨俐落地說再見才能夠擁有正面樂觀的心情和運氣。

酒・酒精

例如……
- 突然有人約你喝酒
- 收到很大的瓶裝酒
- 抽獎、玩遊戲或購物的贈品是酒

暗示你也許能享受一段深入的戀愛關係。和白天相比，戀愛的機會更容易在晚上出現，也許會遇到帶你脫離現狀的異性或發生一夜情，但是要記得不可過度追求有別於日常生活的刺激。

酒窩

例如……
- 在意下巴上的酒窩
- 在意臉頰上的酒窩
- 有人稱讚或取笑自己的酒窩

這是影響財運的預兆，下巴的酒窩是財運上升的吉兆，可能會有意外的收入；臉頰上的酒窩是財運下降的凶兆，錢會不斷離你而去，必須有意識地節省開銷。

酒紅色

例如……
- 遇到身上有酒紅色的人
- 試用酒紅色的化妝品
- 讓別人請喝葡萄酒

遇見人生好夥伴的預兆。可能會有宛如命運般的邂逅，讓你想要與對方共度一生。穿著酒紅色的內衣能夠讓魅力大增。切記這裡說的邂逅並不一定跟愛情有關。

針眼

例如……
- 長針眼
- 認識的人長了針眼
- 聽到跟針眼有關的話題

視而不見可能使情況變得很嚴重。情人或朋友發生異變，或是工作遇到問題時，千萬不可以想著「之後再處理」擱置一旁，結果可能會讓你後悔莫及，趁現在處理才能讓傷害降到最低。

馬

例如……
- 看到騎馬俱樂部
- 有人邀你去觀賞賽馬
- 對時代劇裡的騎馬好手印象深刻

渾身充滿幹勁，願意迎接各種挑戰，也許可以開拓未知的領域或對抗宿命。看到馬術高明的人是愛情開花結果的預兆，勇敢進攻吧！

馬鈴薯

例如……
- 馬鈴薯出現在配菜、沙拉或下酒菜
- 蔬菜行低價促銷馬鈴薯

此時的你充滿不屈不撓的精神，在平常的例行公事多加一個步驟便能展現成果。達成原以為不可能的目標，讓身邊的人大吃一驚。還會有勇氣反對上級或處不來的對象所提出的無理要求。

骨頭

例如……
- 人體模型散了
- 魚骨頭梗在喉嚨
- 遇到骨折的人

做事半吊子的預兆。例如明明下定決心要忘記前男友，卻一直看著以前的照片，「內心的動搖」非常明顯。切記「刪除照片」等強硬的作法反而能讓未來的自己得到解脫。

高麗菜・萵苣

例如……
- 在菜園發現高麗菜或萵苣
- 很在意「相當於○顆高麗菜」的說法

展開一段無法對他人傾訴的祕密戀情。普通戀愛帶來的刺激也許無法繼續滿足你了。有可能因此開始擔心以前不曾想過的問題。小心別一頭熱地栽進去。

鬼

例如……
- 聽聞鬼的傳說
- 造訪留下傳說的地點
- 遇到帶著鬼面具的人

害怕的事物即將出現的預兆。假如是害怕「在人前說話」的人，最近就會遇到這種機會。另一方面，也可能會有意想不到的異性對你示好，儘管一開始覺得手足無措，但你們其實非常登對。

【十一畫】

偶像藝人

例如……
- 每次打開電視都看到同一位藝人
- 認識的人都是迷戀同一偶像的粉絲

對現況棄之不理的預兆，請試著梳理情況，按部就班地擬定對策。而在愛情方面，會對異性抱有太高的理想，能用平常心交談的對象也許才是你命中注定的對象。

剪刀

例如……
- 剪刀從手上滑落
- 找不到剪刀
- 刀刃受損缺角

你可能會和朋友分別，也許是因為調職或結婚的關係各奔東西，但也可能是觀念上的差異讓你們漸行漸遠，甚至就此斷了「緣分」。另外也可能暗示會發生某件事讓你對某樣事物心灰意冷。

商人業務員

例如……
- 不停接到推銷電話
- 聽到充滿熱誠的銷售話術
- 時代劇出現商人角色

工作上可能會出現新氣象，例如被交付新的專案、開始挑戰新的投資。趁現在多方蒐集情報會大大地改變自己十年後的地位和存款，當中有很多有用的資訊，千萬別錯過。

啤酒

例如……
- 啤酒泡泡從玻璃杯滿出來
- 用啤酒提味
- 有特別的人幫你倒酒

比起為了一己私欲，可能會被為社會貢獻的工作深深吸引。可能會在聽了關於志工服務的故事之後改變價值觀。此外，也暗示身體和心靈取得平衡，最近應該可以過得安穩平靜。

國王王子公主

例如……
- 皇室成為討論話題
- 迷上遊戲裡的王子角色
- 認識歷史中的王族

國王是財運上升的好預兆；王子暗示會出現跟你變得很親密的異性；公主則代表人際關係出現裂痕的可能性，但參考那位公主的言行應該可以讓情況穩定下來。

婚禮

例如……
- 受邀參加朋友的婚禮
- 看到正在進行的婚禮
- 電視劇或電影的婚禮橋段

暗示你會接受不同性質的東西，讓自己更上一層樓。感覺就像「冷靜」、「熱情」或「理性」、「感性」沒有相互衝突，而是結合在一起，發生化學反應。會擁有別於以往的新觀點。

婚紗

例如……
- 電視劇中的婚禮橋段
- 偶然看見新娘
- 看到穿著婚紗的角色扮演玩家

對婚紗印象深刻顯然就是婚事將近的預兆；也可能是對自己目前的立場有所不滿，並企圖破壞現況的徵兆。總而言之，停滯已久的情況都會發生變化。

彗星

例如……
- 巨大彗星接近地球的新聞
- 像彗星般出現的救世主
- 看見彗星的照片

彗星是帶走災禍的象徵，暗示社會整體或你的身邊會恢復和平，爭執或險惡的人際關係會出現變化，你會找到自己該走的路，也可能會在參加志工服務的時候遇到良緣。

彩虹

例如……
- 看見彩虹
- 看到湊齊所有顏色的色鉛筆
- 品嚐彩虹色的食物

彩虹是幸運的預兆。在愛情或商場上都只差「臨門一腳」。只要繼續猛烈表現自己或推薦商品，便會與至今累積的努力產生交互作用，獲得豐碩的成果。不過，用手指指著彩虹會招來不幸，請不要這麼做。

彩雲

例如……
- 偶然抬頭看見天上的彩雲
- 看到別人發在社群網站上的照片
- 聽人提起才發現天上有彩雲

彩雲是陽光照射在周圍的雲層所形成的自然現象，染上七彩光芒的雲朵自古以來被視為吉兆，尤其暗示會遇到人生當中的轉捩點。最近會收到出乎預料的好消息。

捲纏

例如……
- 在意腰帶或披肩
- 壽司捲或春捲很美味
- 電線或繩子打結

能夠發揮超越實力的潛能，在各方面的成績都像用了興奮劑一樣一飛衝天，也許會有機會參加難度更高的考試或比賽。趁現在挑戰極限、盡情嘗試會有好的結果。

掃把

例如……
- 靠在牆壁上的掃把倒了
- 買新的取代壞掉的掃把
- 看見正在用掃把的人

令人不安的要素或負面情感一掃而空的徵兆。與其說是「獲得解決」，更有可能是「沒這回事」。舉例來說，可能會遇到「以為自己必須道歉，結果對方其實根本沒生氣」的情況。

掉落落下

例如……
- 有人找你玩高空彈跳
- 掉進洞裡
- 在電視上看到有人從高處跌落

這是在警告你光說不練；在動腦之前先動手，這樣即使遇到麻煩也不會太嚴重或持續太久。另外也暗示你可能會在違反自己意願的情況下得到超出所能的職位。

救護車

例如……
- 聽到救護車的警笛聲
- 救護車從眼前經過
- 附近停著一台救護車

暗示會遭逢意外事故。一個小小的失誤可能會導致嚴重的後果，行事務必小心謹慎。此外，可能會對朋友的真心話感到震驚。救護車也是有人向你發出SOS求救訊號的預兆，耐心聽對方傾訴吧！

第 2 章／預兆關鍵字事典～解讀訊息的線索～

教堂 教會

例如……
- 有人邀你參加教會的彌撒
- 參觀教堂
- 看到街上到處是教堂

面對煩惱，此刻的你會提出屬於自己的答案，準備進入下一個階段。如果對教會的內部裝潢印象深刻，請聆聽母親或承擔母職的人給你的建議，應該能夠得出讓你滿意的結論。

教科書 說明書

例如……
- 想重看以前的教科書
- 從櫃子裡翻出教科書
- 在二手書店發現教科書

「跟著教科書走已經行不通了」的警訊。或許有需要大幅調整目前的作法。比起照本宣科，重視時代走向與實際經驗會有更好的結果。和後輩或部下的談話裡藏著有用的線索。

旋轉 木馬

例如……
- 有機會搭旋轉木馬
- 在談論往事時談到旋轉木馬
- 出現在小時候的影片裡

可能會未經思考就衝動行事。要小心失言或疏忽犯錯。此外，也暗示事情會在原地打轉，毫無進展。可能會對陷入僵局的戀情或工作感到焦慮。試著回想一下，你是不是認為所有問題都是「別人害的」？

梅花 ♣

例如……
- 玩撲克牌時，手上只剩下梅花花色的牌
- 身上有梅花圖案的人

可能會發生讓你非常感動的事，特別是會加深或重新確認與朋友之間的情誼。務必要回應社群網站上的訊息或同學會的通知，也許能藉此獲得有用的情報，對你只有好處，沒有壞處。

殺死 殺害

例如……
- 驅除害蟲
- 推理劇的殺人場景
- 殺人事件的新聞快報

暗示想法會發生巨變，可以想成是「殺死」過去的自己後「重獲新生」的感覺。也有可能跳槽到其他行業，或與不曾交往過的類型成為男女朋友。在精神上有所成長。

淋濕

例如……
- 被雨淋濕
- 被車子或人揚起的水花濺濕
- 不小心把水倒出來

稍微有點淋濕暗示事情將不了了之，只留下無從發洩的焦慮感。另一方面，全身淋成落湯雞則是在愛情方面會有所好轉的預兆。邀請對方去約會或告白都會有好結果，現在正是時候積極進攻。

球體 圓

例如……
- 看到圓形的東西
- 有球滾到腳邊
- 認識圓臉的人

完全體，代表即將成為沒有絲毫累贅、均勻完整的狀態，一切都是如此完美，不需要再多做些什麼。如果這個圓形會發出刺眼的光芒，請把它當成幸福將至的好預兆。

畢業 典禮

例如……
- 附近的學校在舉行畢業典禮
- 有人從公司「畢業」了
- 翻到畢業證書

從某處獨立或被孤立的預兆。雖然協調性很重要，但此時也是在考驗個人的能力。要珍惜自己的人脈與想法。另外，如果出現獻花的場景，代表能夠獨自一個人達成目標。

盔甲

例如……
- 遇到身穿盔甲或甲冑的人
- 有機會穿著盔甲
- 一直看到時代劇

暗示因為太過保守而陷入僵局、走投無路。也要重新想想你是否對自己太嚴格了。有時偷個懶，或是跟前輩開開玩笑，用這種輕鬆的態度應對也很重要。只要卸下心中的鎧甲，可能性就會愈來愈多。

眼睛

例如……
- 和不認識的人四目相交
- 遇到眼睛令人印象深刻的人
- 有機會和某人互相凝視

眼睛閃閃發光代表狀態絕佳，能夠用一半的時間完成比平常多一倍的事；眼睛死氣沉沉暗示容易感到疲勞且缺乏集中力；眼睛睜得很大則代表戀情或婚約將至。

眼鏡

例如……
- 眼鏡損壞或遺失
- 戴別人的眼鏡
- 和戴眼鏡的人變成好朋友

看事情的角度逐漸改變的預兆，像是從「企業視角」轉換成「客戶視角」，從而做出成果的感覺。也可能會開始在意本來只當成朋友的異性，尤其眼鏡壞掉代表可能明天就會對對方改觀。

祭典慶典

例如……
- 聽見傳統祭典的樂聲
- 遇到穿著祭典服飾的人
- 以祭典為名的活動

意外的是，這其實暗示你會被孤獨感包圍。即使表面上看起來一切順利，內心卻依然陷在不安的情緒當中。擺脫這種情況的重點是停止「比較」。重新想想你認為的幸福是什麼吧！

脖子

例如……
- 脖子感覺到一陣寒意
- 被蚊子叮
- 脖子的關節出現異狀

可能會被其他人過度干預。就算是出於好心或為你著想，現在說這些話也無濟於事。在道謝的同時，請對方給自己一點空間，應該就能一口氣集中精神。

脫

例如……
- 看到脫衣服的場景
- 看到動物脫皮的畫面
- 幫水果剝皮

代表想要改變自己或環境的願望。也許可以挑戰一直以來不敢嘗試的化妝或穿著，或是認真考慮改變房間的配置或重新裝潢。就算沒有實際做決定，也可以讓轉換心情。

船

例如……
- 看見豪華郵輪
- 在港口看見下船的人
- 看到船隻沉沒的畫面

像豪華郵輪這類的大型船隻是內心歸於平靜的前兆，也許能消除內心的不安或擺脫忙碌的生活；對下船的場景留下印象暗示擺脫束縛；沉船則代表夢想或目標可能會有不好的結果。

處女座

例如……
- 收到處女座友人的聯繫
- 八月底～九月底有很多行程
- 認識很多處女座的人

事事追求完美，不知不覺成為深受信賴的對象，無法忍受任何瑕疵。在愛情或事業上都可以交出完美答案，但切記不要太鑽牛角尖，偶爾放輕鬆表現出「隨興」的一面，會為生活帶來不同的樂趣。

蛇

例如……
- 遇到野生的蛇
- 獲得蛇皮製品
- 看見以蛇為靈感的物品

暗示會在愛情或金錢方面遇到突如其來的好運，例如和交友圈以外的人產生曖昧關係，或是有人介紹可以賺錢的工作或興趣給你。看到白蛇是賺大錢的預兆，應該要立刻採取行動。

蛋

例如……
- 剛好遇到雞蛋的特賣日
- 打蛋時發現是雙黃蛋
- 寵物鳥下蛋

展開新戀情的預兆，也許會拿到對方的聯絡方式或收到約會邀請，甚至有可能忽然在下班後就……。記得隨時處於備戰狀態。不過壞掉的蛋代表凶兆，先按兵不動才是上上策。

被攻擊 遇襲

例如……
- 看到虛構的襲擊橋段
- 玩涉及暴力內容的電玩遊戲
- 被鳥或動物追趕

可能會與異性深入交流或發生一夜情。內心深處渴望肌膚相親，但一方面也可能會因為自己的不成熟而感到焦慮。記得愈是積極行動，事情愈有可能朝好的方向發展。

被斥喝 被責罵

例如……
- 看到父母罵小孩的場景
- 同事被上司斥責
- 當著許多人的面挨罵

令人意外的是，這是你至今為止的努力得到正面評價的預兆，代表「半途而廢會非常可惜」，請你繼續努力堅持下去。一直以來苦心經營的工作或異性關係即將開花結果！

被束縛 被綑綁

例如……
- 在電視劇或電影裡看到被強盜或敵人綁起來的人
- 被緊湊的行程緊緊束縛

獲得自由的前兆，可能會離開難以適應的公司，或是與交往不順的對象分手。會得到重新思考人生藍圖的機會，好好面對自己，全世界都會幫助你完成心願。

被追趕

例如……
- 看到小孩在玩鬼抓人
- 觀賞機車或汽車的賽車比賽
- 在電視上看到動物獵食的畫面

如果你看到的是追趕的一方，代表團隊的共同課題會得到解決；如果是被追趕的一方，代表會往個人的目標跨出一大步；如果目睹追上的瞬間，則暗示會達成目標，進入下一個階段。

野獸

例如……
- 看到野生動物
- 野生動物破壞菜園
- 收到動物毛皮或牙齒的製品

壓抑在內心的衝動浮上表面的預兆。可能會吐露不滿、抱怨或是暴飲暴食。看到的野獸種類愈多，這種傾向就愈為強烈。小心一股腦地發洩出來會讓其他人覺得你很野蠻。

野餐

例如……
- 看見正在野餐的一行人
- 抽獎抽到野餐墊
- 有人邀你一起去野餐

代表會脫離日復一日的日常生活。也許會出現破天荒的人物，或是讓人忍不住噗哧一笑的意外事件。雖然會被迫改變習慣，被攪和得暈頭轉向，但是並不覺得討厭。

陷阱

例如……
- 發現捕捉動物用的陷阱
- 聽見「美人計」等跟陷阱有關的詞彙

暗示充滿創意的想法可能會遭遇阻礙。可能會被常識、慣例等無形規矩打回票。不過，這個想法本身其實非常好，在時機來臨之前，先把它收在內心的抽屜裡吧！

雪

例如……
- 看到雪的結晶
- 看到身上積雪的人
- 在不對的季節下雪

暗示事情即將結束，也許是喜歡的成員換成了別人，或是覺得很有成就感的工作宣告結束，但這些都會為你帶來成長。反之，這也是擔憂反而會變成希望的預兆。

魚

例如……
- 有人邀自己去海產店吃飯
- 在外面吃午餐時，因為肉類賣完了，只好點魚

家庭幸福美滿的預兆，尤其兩條魚象徵親情，也可能會有孩子。但壞掉的魚代表凶兆，家人或另一半也許陷入低潮，切記現在應該待在對方身邊給予支持。

鳥

例如……
- 聽見鳥鳴
- 發現羽毛
- 鳥在家中築巢

成鳥代表會有一段成熟的戀愛。可能有機會到高級奢華的地方約會，或是沉浸在愛情的猜心遊戲。另一方面，在健康上可能會出現令人擔心的地方，切記休息也是工作的一環。

鹿

例如……
- 野生的鹿橫越道路
- 前往有鹿標本的地方
- 信紙上有鹿的圖案

鹿角每年都會脫落換新，並隨著脫落的次數變得更強壯。這個預兆暗示你會逐漸升級，不論做什麼都會有好的結果，因此關鍵在於採取行動的積極程度。

【十二畫】

傀儡

例如……
- 看到傀儡劇
- 發現同事對上司唯命是從

暗示有能力掌控心上人的心情或職場的人際關係，長袖善舞，在愛情的互相試探以及職場的待人處事如魚得水，但是千萬別把這些當成兒戲，搞不好你才是真正受人擺布的一方。

傘

例如……
- 傘被偷走
- 共用別人的傘
- 發現別人忘了帶走的傘

你的耐力會受到考驗，尤其如果看到在室內開傘的人要特別小心，因為這並不是一個好預兆，代表你可能會被他人施壓，記得不管是什麼事情，都不要一個人悶在心裡。遺失雨傘則是和朋友巧遇的前兆。

喉嚨

例如……
- 因為感冒而喉嚨痛
- 看見戴頸圈項鍊的人
- 收到喉糖

暗示無法進行正常的交流。可能是對話牛頭不對馬嘴，或是無法從對方身上得到想要的反應。寫信表達心意或透過第三者從中牽線等，換個方法就能讓溝通變得更順暢。

喝

例如……
- 不小心把某物吞下肚
- 飲用水井或河川的天然水源
- 一直喝一樣的東西

獨立的時機即將到來，例如原本作為團隊的一員或協助者參與的工作被交付到自己身上，或是離開老家搬出去住。雖然責任也會增加，但是能夠獲得更多的成就感。此外，單獨行動會有想不到的好事發生。

圍裙

例如……
- 看到穿圍裙的人
- 參加烹飪課程
- 圍裙的繩子鬆脫

內心湧現母性或愛情，因此表現得比平時更落落大方。如果自己身上的圍裙繩結自然鬆脫，代表有某個人正愛著自己，仔細觀察周圍的視線或態度吧！

報紙

例如……
- 電車上有很多人在看報紙
- 拿到號外報紙
- 發現報紙的自動販賣機

可能會被周圍的聲音迷惑而迷失自我。切記「傾聽他人的意見」與「被他人的意見影響」是兩件事。重點在於堅定自己的立場。一定有什麼是只有你才做得到的事。

富士山

例如……
- 從難得的地方看見富士山
- 夢到富士山
- 禮物收到富士山的周邊商品

代表你正朝著目標順利前進，儘管放心。山是達成某個目標的預兆，其中富士山則暗示會立於頂點，也許能發揮領導能力，鼓舞他人或負責管理行程的工作。

帽子

例如……
- 帽子被風吹走
- 請人幫忙挑選適合的帽子
- 發現帽子專賣店

愈來愈受矚目的預兆。帽子和王冠一樣象徵地位與權力，代表周圍的視線都集中在你的身上。刻意戴帽子能夠改善人緣，但遺失帽子可能會傳出不好的謠言。

廁所

例如……
- 在別人家借廁所
- 負責掃廁所
- 廁所故障

乾淨的廁所是財運滾滾來的吉兆，也許是獎金大幅增加，或是用比較划算的方案辦理貸款或保險，獲得富足的生活。髒兮兮的廁所是財運下降的徵兆，不可投資或賭博。

悲傷

例如……
- 認識的人遇到倒楣的事
- 在街上看到有人在哭
- 在圖畫或照片看到傷心的人

讓人意外的是，對其他人悲傷的模樣印象深刻反而暗示會發生開心的事。就像「離別」後的「相遇」一樣，你可能在跨越悲傷之後發現好運。宣告某件事情的開始。

惡寒發冷

例如……
- 在溫暖舒適的房間裡覺得冷
- 和人交談時忽感一陣寒意
- 看到有人忽然抖了一下

忽然感覺到一陣寒意代表即將找到突破瓶頸的線索，可能會從稀鬆平常的對話或偶然看到的電視節目裡得到靈感。也許會發現出乎意料的觀點，值得一試。

惡魔

例如……
- 夢到惡魔
- 看到惡魔的卡通人物
- 發現藝術品中的惡魔

如果對出現在繪畫、雕刻或電影中的惡魔印象深刻，這是在警告你「可能會輸給自己的欲望」，必須小心甜蜜的誘惑。避開危機的線索也許就藏在惡魔的動作或言語當中。

提款機銀行

例如……
- 有事要去銀行
- 手上的現金用完了
- 使用提款機的次數愈來愈頻繁

對領錢的行為印象深刻是沉睡在自己體內的意外特質顯現出來的預兆。學習新的興趣或才藝，勇於挑戰各種事物，一旦發現可能性，千萬別吝於投資自己。

握手

例如……
- 在餐會上被要求握手
- 達成共識或握手言和
- 有異性想跟你握手

在握手時可以從對方手的溫度判斷你的心情。如果上司的手很冷，暗示你太過在意公司同仁對你的評價；反之，如果手心溫熱，則代表你雖然嘴上謙虛，其實對自己充滿自信。

朝會

例如……
- 在朝會上進行發表
- 朝會臨時中斷
- 在朝會上聽見驚人的消息

可能會有麻煩事被推到自己身上，被交付很棘手的工作或很費事的家務。不過，如果是氣氛很愉快的朝會，代表新事物進行得非常順利。開始準備考證照或學習才藝，收穫會比以往更充實！

棕色

例如……
- 待在以棕色為主的空間
- 一般不是棕色的東西被設計成棕色系

獲得短暫的休息，有人找你去SPA或熱瑜伽等熱門養生會館的可能性很高。靜下心來才有辦法構思未來藍圖，找到人生的目標，而不是得過且過。

椅子

例如……
- 椅腳斷了
- 沙發有大面積的傷痕
- 對漂亮的座位印象深刻

如果讓你留下印象的是壞掉的椅子，這是屬於自己的歸宿或地位會受到威脅的凶兆；如果是整齊排列椅子，則代表下定決心的時刻即將來到，現在為正在猶豫的事情做出決定會有好的結果。

減肥瘦

例如……
- 和很瘦的人擦肩而過
- 有人問你：「是不是瘦了？」
- 熟人開始減肥

魅力上升的吉兆。也許會得到適合你的彩妝情報，或是在特賣會上買到時髦的衣服，讓自己看起來更加美麗。不過，消瘦虛弱的樣子則暗示身體狀況不佳，應該要重新檢討每天的飲食。

游泳

例如……
- 有人邀你去游泳池或海邊玩
- 看到正在游泳的人
- 挑戰水肺潛水

暗示你會在不知不覺間脫胎換骨，腦中接二連三地浮現新點子。標新立異的企畫書或穿著打扮可能會讓你受到好評，成為萬眾矚目的對象。此刻也是獲得新的人脈和環境，讓自己更上一層樓的時機。

湯

例如……
- 看到湯品專賣店
- 用剩下的食材煮湯
- 社群網站的PO文有湯的照片

人緣上升的預兆。無論是上司、下屬，不管是男是女，所有人都會對你充滿好感，你的「溫柔」對每個人都受用。也代表會想要撒嬌，放下面子求助會讓對方也很開心，可以瞬間縮短你們之間的距離。

湯匙

例如……
- 餐廳準備了多於用餐人數的湯匙
- 用湯匙作為生產賀禮
- 品嘗用湯匙擺盤的前菜

能夠「舀起」好運的湯匙自古被視為幸運的象徵，暗示理想的幸福即將到來。特別是當兩根湯匙裝在同一個杯子裡時，代表收到告白或求婚的可能性很高。

無意義

例如……
- 進行無謂的對話
- 不小心做了沒有意義的事
- 收到沒有用的東西

憤怒到達頂點的前兆。可能會發生不合理的事情或遇到挑釁，但感情用事就等於正中他人的下懷，不如一笑置之，這樣也會為自己帶來好處。現在先忍下來，到其他地方再發洩吧。

焦急慌張

例如……
- 差點趕不上電車或公車
- 出現意外的訪客
- 差點摔壞易碎物品

這種預兆會出現在你正要或已經打破某種規則的時候，例如失約、違規等等。如果自己心裡有數，請捫心自問「什麼才是正確答案」。別擔心，事態目前還有轉圜的餘地。

猴子

例如……
- 發現猴子造型的吉祥物
- 在街上看見猴子
- 認識很多猴年出生的人

提醒你不要光說不練，就算你說的都是對的，旁人也可能覺得是在強詞奪理。如果得意忘形地固執己見，難保不會被其他人扯後腿。切記能否體貼他人將會左右目前的運氣。

猶豫躊躇

例如……
- 緊張到無法動彈
- 看到「煞車」兩個字
- 看到猶豫不決的人

代表你可以清楚掌握事情的利弊，會遇到「不確定這樣到底夠不夠好」的情況，如果還有改善的餘地，先暫停一下會比較保險。倉促行事是造成意外事故的原因。這是上天在提醒你應該要踩煞車。

番茄

例如……
- 衣服上有番茄圖案的人
- 用番茄醬寫的字
- 便當裡有番茄

被充滿魅力的異性吸引的預兆。可能會展開一段讓人備感煎熬、熱情如火的戀愛。別用大腦思考，順從自己內心的渴望，只要跟著感覺走，就能獲得至今不曾體驗過的甜蜜生活，並為此感到滿足。

痣

例如……
- 長出新的痣
- 有人誇獎你的痣
- 很在意別人身上的痣

代表意想不到的危機即將發生。可能會招來令人意外的誤解，或是遇到不合理的要求。渡過難關的方法是「做自己就好」。個性開朗的人可以從頭到尾都用笑容回應，左腦派的人跟對方講道理會有效果。

發燒感冒

例如……
- 身邊有人感冒
- 新聞報導說正在流行感冒
- 不停咳嗽或打噴嚏的人

如果在意的對象或初次見面的人得了感冒，代表你也會有生病的風險；而對看護者印象深刻則是受到矚目的預兆，可能會交到讓你引以為傲的男友／女友，或是在職場受到表揚。

發票

例如……
- 發現掉在地上的發票
- 想要但店家卻不開發票
- 發票破損

財運下降的徵兆。可能會開始亂花錢，或是漸漸不把收支放在心上，等到發現時，儲蓄和收入已經幾乎見底。記得認真做好財務管理，到斤斤計較的程度也無妨。

窗戶

例如……
- 看見有人打開窗戶的瞬間
- 樹葉等物品敲擊窗戶
- 窗戶破了

好奇心旺盛的預兆。充滿求知欲，可能會迷上透過讀書或從社群網站蒐集情報。參加英文會話等跟學力有關的補習班，將會讓才能開花結果。這是得到某個強大「武器」的好機會。

窗簾

例如……
- 最早拉開辦公地點的窗簾
- 看到拉開窗簾的人
- 無法順利拉開窗簾

如果房間在你拉開窗簾後變得一片光明，暗示會有更多的可能性，也許會遇到新的對象或工作機會；另一方面，要是無法順利拉開窗簾，則代表生活容易亂套，要小心別打亂生活節奏。

筆記本

例如……
- 筆記本破損／弄濕
- 借人或向別人借筆記
- 禮物收到筆記本

空白的筆記本是漸入佳境的預兆，寫滿字的筆記本則暗示可能會因為三心二意而面臨無法收拾的局面，最好把選項縮小到一個就好。與其「廣泛但膚淺」，不如「侷限但深入」。

紫色

例如……
- 看見紫色的設計
- 禮物收到紫色的衣服或物品

暗示原本不抱期待的事情可能會發生重大轉折，相較於理論邏輯，優先考慮忽然閃現的靈感才是最重要的。仔細注意像玩聯想遊戲的感覺，就算找不到答案，也一定會找到形狀吻合的那片拼圖。

絲襪褲襪

例如……
- 絲襪勾紗
- 在穿的時候弄破絲襪
- 平常不穿絲襪的人穿了絲襪

剛開封的絲襪勾紗代表可能會有感覺像觸電般的邂逅。不過，看到從左腳開始穿絲襪的人會導致愛情運降低，記得穿絲襪時要從右邊開始穿才會有好運降臨。

虛假謊言

例如……
- 發現對方說謊
- 觀賞整人節目
- 不小心欺騙對方

暗示你會在心中藏著說不出口的祕密，愈早坦白，傷口愈淺。另外，這也是會對脫口而出的惡言或不滿感到後悔的預兆，如果放下身段老實道歉，事情很快就會落幕。

買購物

例如……
- 排隊結帳時盯著前面的人看
- 小說或電視劇的購物場景
- 上傳到社群網站的「戰利品」照片

在意他人購物的樣子是會得到想要的東西或好運的預兆，從商品可以聯想到的運氣會變好，例如愛情漫畫代表邂逅異性的機會增加；化妝品則代表魅力（桃花運）的提升。

超能力者

例如……
- 跟超自然有關的事情引發話題
- 看到主角是超能力者的電影或電視劇的預告

把所有事情都推給別人，過著懶散墮落的生活。繼續這樣下去，可能會一口氣失去身邊的人對你的信用。別老是馬上就想要答案或三秒就放棄，這是上天要你先嘗試自己努力解決。

逮捕

例如……
- 一直聽到逮捕犯人的新聞
- 認識的人遭到逮捕
- 喜歡的名人遭到逮捕

內心懷有罪惡感或鑄下大錯的預兆。為了不輸給誘惑，要比平常更有自制力。隱瞞之事就快要被揭穿，記得趁早認錯道歉才能減輕罪行。

遊艇

例如……
- 有機會搭乘遊艇
- 看見大量的遊艇
- 看到畫、照片或影片裡的遊艇

代表會有開心的事發生的好預兆，有機會得知好玩的活動或娛樂場所，也會收到很多邀約，應該可以和好朋友一起度過愉快的假日。此外，「互助精神」在職場逐漸普及，你會自然而然變得積極樂觀。

郵差

例如……
- 看見正在送信的郵差
- 郵差從眼前經過
- 收到意料之外的包裹

如果看到郵差經過家門前，代表最近可能會發生令你失望的事，別再抱有期待，開始計畫下一步；而遇到正在把郵件放進你的信箱的郵差，則是同事或朋友會向你吐露祕密的預兆。

鄉愁懷念

例如……
- 熱絡地談論從前的事
- 收到舊友的聯繫
- 令人懷念的風景或食物

擔心的事情可能會順利解決，得以放下心中的大石頭；或抵銷過失或達成和解的徵兆。尤其令人懷念的味道，代表會因為接觸母親或像母親般的人而更加安心。

鈕扣

例如……
- 鈕扣脫落
- 看見鈕扣散落一地
- 收到形狀很特別的鈕扣

私生活可能會對工作或家庭帶來好的影響，是整體運勢提高的預兆。尤其愛情運非常旺盛，是吸引良緣或與心儀對象快速拉近距離的好機會。只要不斷讚美對方，機會就會源源不絕。

開學典禮 入社典禮

例如……
- 看見新生或新進員工
- 參加開學或入社典禮
- 看到開學或入社典禮的照片或影片

如果是和自己有關的學校或公司，暗示回歸初衷會讓事情有所好轉。稚嫩不成熟的點子也許會鹹魚大翻身。和自己沒有關係的典禮則是近期身邊的環境會煥然一新的徵兆。有想問的事情最好快點確認。

開心 歡喜

例如……
- 看見很開心的人
- 在意禮炮等在慶祝時使用的道具

「歡欣鼓舞的樣子」就跟其給人的印象一樣，暗示事情會有最好的結果，告白或簡報將大獲成功。但「取悅別人的樣子」則是被他人嫉妒的預兆。不要只在意自己的缺點，試著數數有哪些優點吧！

開車 駕駛

例如……
- 忽然很在意行駛中的車輛
- 看到卡丁車的賽車場
- 看見教練車

可以看出自己是否有做好自我管理，如果駕駛得讓人心驚膽顫，代表你的能力或許無法負荷行程安排，勉強自己可能會發生事故；而華麗高超的駕駛技術則代表能夠將實力發揮到百分之百。

開關 遙控器

例如……
- 忘記把遙控器放在哪裡
- 按鍵或保護套脫落
- 電池沒電或電量耗盡

家人之間無法互相理解而發生糾紛的前兆。可能會因為對教育小孩或照顧老人的看法起衝突。感情用事會讓情況愈拖愈久。用自己一、對方二的比例交換意見，才能讓溝通變得更加順利。

階梯

例如……
- 神社的長石階
- 走上螺旋階梯
- 電梯無法使用

在意漫長的階梯是你開始在意努力成果的預兆；如果對爬上階梯後看到的景象印象深刻，這是努力將會獲得回報的吉兆，但是並不會「馬上」發生。不要著急，按部就班地前進吧！

雲

例如……
- 發現顏色或形狀很奇特的雲
- 令人印象深刻的美麗雲彩
- 烏雲密布

白雲代表吉兆，好事會接踵而至，如遇到很棒的對象或收到讚賞等等，凡事都能樂觀以對。積極行動能暫時維持好運。烏雲代表會增加一件令你擔心的事，但情況不會太嚴重，毋須操心。

雲霄 飛車

例如……
- 有人找你去遊樂園玩最近成為熱門話題的雲霄飛車
- 雲霄飛車暫停服務

你是否亟欲改變千篇一律的日常生活？也許會想學習新才藝或改變房間的擺設，全新的體驗會帶來好運，也可能會跟公司的同事或朋友喜歡的人發展「祕密戀情」。

項鍊 墜飾

例如……
- 禮物收到項鍊或墜飾
- 遺失項鍊或墜飾
- 有人請你製作項鍊或墜飾

這是人緣變好的預兆，尤其比起打腫臉充胖子，最真實的自己反而能博得好感。此外，邂逅好對象的運氣也會提高，宜追尋新戀情或加入新的團體，藉此大幅擴張自己的人脈。

黃色

例如……
- 收到黃色的花
- 下意識拿起黃色的衣服
- 沙拉裡的番茄是黃色的

此時的你有很好的直覺，同時也是謊言被拆穿或人際關係出現問題的預兆。獨特的個性雖然讓你成為焦點，表現得太誇張卻會適得其反，也許需要視情況做出調整。

黑暗

例如……
- 經過光線很暗的路
- 因為停電，周遭陷入一片漆黑
- 電腦當機，螢幕畫面全黑

能夠順利重新開始。改變至今為止的環境或習慣，在各方面都能有所提升，周遭對自己的評價也會水漲船高，並且直接影響到愛情和工作。要不要先暫時放下過去的自己呢？

黑桃♠

例如……
- 玩撲克牌時，黑桃花色的牌成為勝負的關鍵
- 黑桃造型的飾品

在關鍵時刻致勝的預兆。黑桃是撲克牌裡最強的花色，重要的商務會議或愛的告白有很大的機率成功。但是會有想要徹底擊潰對手的傾向，也要視時間或場合調整力道。

黑色

例如……
- 與有著令人印象深刻的黑髮的人說話
- 印表機的黑色墨水用完了
- 黑豆、黑醋等有「黑」字的食物

感到孤獨，失去希望。若想消除這種感覺，應穿著有助於改善運勢、提振精神的顏色。反之，也有可能成為某個組織的領導者，發揮獨特罕見的才能。

【十三畫】

傾身蹲下

例如……
- 前面的人突然蹲下
- 在低處找東西的人
- 看見蹲著玩遊戲的小孩

不為人知的祕密戀情可能曝光，但現在做的任何事都會得到反效果。單純的憧憬雖然無害，然而一旦付諸行動，評價將會一落千丈。務必深思熟慮再行決斷，別被一時的感情牽著鼻子走。

塔

例如……
- 從遠處望見高塔
- 發現塔型的物品
- 塔出現在傳說或故事當中

自尊心可能會成為你的絆腳石，誇大其辭和自吹自擂會害你的人氣或評價等比例下降。就算現在心裡有十件事想說，實際只說三件才會讓人留下好印象。

塗鴉圖畫

例如……
- 自己的東西被塗鴉
- 遇到喜歡的畫
- 禮物收到圖畫

會遇到停下腳步、自我反省的機會。如果對別人畫圖的樣子印象深刻，暗示未來的發展已成定局，目前在著手的事情或發展中的交友關係將會直接影響到自己的將來。

意念想像

例如……
- 事情的發展如你所料
- 比平常更容易腦洞大開
- 覺得「你看，我就說吧！」

代表內心所想化為現實的吉兆。事情的發展一如預期地順利。如果非常想實現某個願望，請試著在心中反覆默念，強烈的意念是在現實世界取得成功的關鍵。

搬家

例如……
- 附近搬來新鄰居
- 幫忙別人搬家
- 看見搬家的卡車

暗示無計可施，繼續前進也只會走進死胡同，做出別的選擇有助於改善情況，也可以改變工作方式或乾脆轉職。「變化」握有帶來好運的鑰匙。

椰子樹

例如……
- 禮物收到椰子樹皮或椰子油製品
- 看到用椰子做的東西

暗示在經濟上會變得比較富裕，原因是因為有很強的勝負運。投資或創業等「需要勇氣的決定」將會帶來錢財。運氣會站在你選擇的那一邊，所以毋須猶豫，跟著直覺走即可。

楓

例如……
- 發現楓樹
- 認識名字裡有「楓」的人
- 看見加拿大的國旗

愛情運急速竄升的預兆，可能會遇到很棒的對象，或是成功引起心上人的注意。另外也代表最近財運亨通，有望獲得意外之財，吃楓糖漿會讓運氣更旺！

極光

例如……
- 有機會親眼目睹極光
- 偶然在電視或書上看到極光
- 看見友人拍的極光照片

極光是只有在特定地點和環境下才看得到的罕見自然現象，因此看到極光是暗示你會有非常難得的好運。如果你想要提升靈性或直覺，欣賞極光的照片可以獲得非常棒的「靈感」。

煙

例如……
- 不小心吸到香菸的煙
- 香或線香的煙
- 看見遠方在冒煙

煙的意思因顏色而異。白煙代表吉兆，同事或朋友可能會帶來讓你興奮不已的消息。黑煙或灰煙代表凶兆，如果把這種煙吸進肚子或沾到身上，則是出現負面傳聞的前兆。小心隱瞞會造成反效果。

煙火

例如……
- 聽到放煙火的聲音
- 從公司或自家的窗外看見煙火
- 收到參加煙火大會的邀請

可能會發生值得恭喜的好事。例如在約會時看到煙火，代表兩人會結為連理；如果正在準備證照考試，也許會順利合格。應該在一年之內會有動靜。敬請期待來自心儀對象的消息或錄取通知等「喜訊」吧！

煩惱

例如……
- 有人找你商量煩惱
- 看到電視劇或漫畫裡煩惱掙扎的橋段
- 充滿吸引力的選項變多

暗示你即將面臨相同的煩惱，或是情況正在逐漸惡化。如果你對別人來找你商量的戀愛煩惱印象深刻，代表你也會遇到和愛情有關的糾紛。同時也是生病的預兆。若想避免災禍，就不要自尋煩惱。

獅子座

例如……
- 收到獅子座友人的聯繫
- 在七月底～八月底有很多行程
- 認識很多獅子座的人

湧現毫無根據的自信。彷彿看開了什麼，無論對愛情或工作都很積極。此外，也暗示不再排斥面對人群，然而別人會看穿你的實力只是虛有其表，故別忘了充實自己的基礎。

睫毛

例如……
- 收到保養睫毛的用品
- 發現專門處理睫毛的美容院
- 睫毛掉進眼睛

可能會遇到前所未有的大好機會，像是碰巧和喜歡的人單獨相處，或是自己因為興趣所做的作品得到專家的賞識。若想把握這次機會，請你積極表現自己。距離成功只差臨門一腳了。

義大利麵 麵食

例如……
- 吸麵時，麵中途斷掉
- 算錯煮麵的時間
- 菜單上都是義大利麵

可能會與家人分居，或遇到自己並不期望的人事異動或異地調職。儘管環境發生了改變，你可能反其道而行。但令人意外的是，比起「離別的悲傷」這種負面情緒，內心會接收更多「相遇的歡喜」。

聖誕節

例如……
- 參加聖誕節的活動
- 購買聖誕節限定商品
- 聽到聖誕歌曲

你會度過一段悠閒平靜的時光，離聖誕節愈遠，這種傾向就愈強烈。也許會撥出時間給電影、音樂等娛樂活動，並且在這段期間重新意識到什麼才是「做自己」。

聖誕老人

例如……
- 店員頭上戴著聖誕帽
- 有許多聖誕老人玩偶的房子

也許會把好運分享給身邊的人。如果用一個極端的例子來比喻，就像是中了樂透之後，幫父母買了一間高級公寓。可能會頻頻收到他人的道謝，內心自然充滿幹勁。

腰

例如……
- 腰痛
- 腰圍纖細的女性
- 繫著好看皮帶的人

愛情運絕佳的預兆，可能會被喜歡的人誇獎，或是取得心儀對象的聯絡方式。強調腰部線條的服裝可以讓對方留下好印象。另一方面，腰痛則代表必須「重新評估方向」。

腳

例如……
- 腳受傷或不舒服
- 晚了一步沒搭上車
- 鞋子不合腳

代表精神疲憊的預兆，可能會因為忙著顧慮周遭的人，而不小心忽略了自己。這是在提醒你：「在幫助他人之前，應該要先做好自己該做的事。」

腳踏車

例如……
- 看到練習騎腳踏車的小孩
- 被騎腳踏車的人按鈴提醒
- 基於需求購買腳踏車

暗示朋友和興趣逐漸增加，使你的世界變得愈來愈寬廣，可以積極挑戰別人推薦你的事情或網路上的熱門話題。不過，看到有人騎腳踏車摔倒則是身邊發生事件的前兆，務必多加小心。

腳踝

例如……
- 腳踝撞到家具
- 感覺到腫脹疼痛
- 購買踝襪

想要改變目前的習慣或系統時，經常會注意到腳踝這個部位。這種感覺會為自己和身邊的人帶來利益。在腳踝配戴幸運繩有助於促進改革及增加成功機會，不妨一試。

落枕

例如……
- 自己落枕
- 家人落枕
- 玩偶的頭部鬆脫

這是警告你的成見或堅持會害了自己，應趕快意識到最好放下身段應對。不要只會照本宣科，而是要擺出自己從零打造的氣魄。如果把這是「為了誰」放在第一優先，應該就能找到最適合的答案。

葡萄酒

例如……
- 有人招待你喝葡萄酒
- 有人介紹侍酒師給你
- 認識精通葡萄酒的人

好運降臨的預兆。葡萄酒在古羅馬被視為眾神的飲料，紅酒象徵生命力提高及成功；白酒則代表美容運上升，或戀情可望有進一步的發展。另外也暗示能順利避開麻煩的事。

葬禮

例如……
- 參加葬禮
- 附近在舉行葬禮
- 小說或電影中的葬禮橋段

其實葬禮暗示會有新的機會。要把調職或搬家想成是通往好運的門票。另外也暗示能掌握克服障礙的契機。不要排斥沒吃過的東西，要當成是發掘新口味的好機會。

蜂蜜

例如……
- 點了蜂蜜拿鐵等飲料
- 收到蜂蜜製品的禮物
- 看見蜂蜜色的商品

在占星術裡面，蜂蜜與太陽密切相關，和太陽一樣象徵「成功」與「生命力」。偶然吃到蜂蜜可能會因為某件事情信心大增。渾身充滿幹勁，成為團隊裡帶動氣氛的人。

蜂鳴器

例如……
- 聽見防盜警報器的聲音
- 在餐廳或居酒屋按了好幾次呼叫鈴都沒有店員過來

中止的預兆，演唱會或大型活動可能停辦，工作上的行程也可能會臨時取消，最好事先想好備案；如果強行繼續，則可能是在暗示必須立刻回頭。

裙子

例如……
- 櫥窗裡展示著色彩鮮豔的裙子
- 裙子勾到東西

備受上級或權力者疼愛的預兆，但因此洋洋得意可能會招來他人的嫉妒。在對特殊待遇心存感謝的同時，能夠顧及周遭的「平衡感」也很重要。

跳舞 舞蹈

例如……
- 有人邀你去夜店
- 在婚禮或尾牙的餘興節目上表演跳舞

此時的你渴望獲得解放，似乎因為努力壓抑自己的情感而備感壓力。另外也可能是性慾高漲或懷孕的預兆，不管做什麼都要記得保持理性。

運動

例如……
- 有人邀你去打擊場打球
- 公司安排保齡球等社內活動
- 開始上健身房

代表你的身心都在熱血沸騰，但適當的興奮是好的刺激，能幫助你提升自己的能力。另一方面，也可能代表你迫切想從某件事情「抽身」。

運動員 運動選手

例如……
- 運動員的大型海報
- 看見本人
- 出現在報紙或網路媒體的頭條

同性的運動員體現取得成功所必須具備的特質，假設對方擔任隊長，代表你現在需要加強自己的領導能力；異性的運動員則體現你心目中的理想情人，或許有機會遇到同一類型的對象。

運動會 體育競賽

例如……
- 公司內部舉辦體育競賽
- 幫忙小孩子的社團活動
- 看到學校的運動會

因為其他人低估自己而心生不滿，認為自己能做得比現在更好。如果你很在意最後一名的人或隊伍，暗示你無法將心中的不滿表現出來；反之如果在意的是第一名，則代表有機會能為自己扳回一城。

道歉 謝罪

例如……
- 處理客訴
- 一直看到道歉記者會的畫面
- 看到正在道歉的人

你會意識到自己也想要向某個人道歉，請想成是「道歉要趁早」的預兆。另外也可能暗示某個人有話想對你說，環顧四周應該會有所發現。

道路

例如……
- 常經過的道路在整修
- 發現捷徑
- 想起第一次走過的路

筆直的道路代表可以憑一己之力突破難關，例如一個人拜訪客戶或參加街頭聯誼等等，態度要積極。岔路則暗示會遇到轉捩點，也許必須做出左右將來的抉擇。

酪梨

例如……
- 迷上吃酪梨
- 在菜單上第一眼先看到酪梨
- 身邊出現酪梨熱潮

暗示你會發現通往「美」的捷徑，也許會找到更適合自己的化妝用品或髮型。酪梨這種食物富含象徵「美貌」的金星能量，積極攝取有助於提升運勢，對理想容貌的想像愈具體愈好。

鈴

例如……
- 聽見鄰居的門鈴聲
- 意外的訪客按了電鈴
- 遇見身上帶著鈴鐺的人

在魔法的領域，鈴鐺被用來通知神明或精靈儀式的開始和結束。可能會因為某個經驗而改變價值觀，成為你人生中的轉捩點。此外，前往景色優美或充滿能量的地方能夠讓心靈獲得洗滌。

零食 糖果

例如……
- 安排下午茶時間
- 有人約你吃甜點吃到飽
- 收到大量的糖果

甜滋滋的糖果代表即將迎接新的戀情；對吃糖果的模樣印象深刻是很快就會找到對象的預兆；收到別人送的糖果則代表喜歡的人會主動對你示好或表白。

雷

例如……
- 看見閃電
- 雷打在附近
- 在打雷的日子出遠門

動盪不安。一直深信不疑的事物突然崩塌，或是環境發生劇烈變化。然而，這個變化是必然的。即使人生觀或整個人生會因此有所改變，也應該坦然接受並繼續前進。這是開闢新天地的大好機會！

電影院

例如……
- 有人邀你去看電影
- 沒打算看電影，卻無意間走進購物商場的電影院

看電影時無法集中精神暗示會發生讓你喪失鬥志的事，你可能會擁有無法對他人訴說的祕密。如果覺得心理的負擔很重，不妨將祕密公開，或是告訴值得信賴的朋友。

電扶梯

例如……
- 電扶梯上只有自己一個人
- 電扶梯故障無法搭乘
- 搭乘電扶梯時遇到某人

往上的電扶梯是獲得小確幸的吉兆，可能會因為實現某個日常生活中的小心願而露出笑容；往下的電扶梯則暗示會放開或放棄某件事物，但這麼做可以讓你保護重要的東西。

電梯

例如……
- 電梯裡只有你一個人
- 偶然從外面看到透明電梯

上升的電梯是實現某個重大心願的預兆；相反地，下降的電梯代表會對某件事情感到失望；而中途停下來的電梯則暗示正在進行的事情將會遭遇挫折。

電燈 燈光

例如……
- 手電筒對著自己
- 換燈泡
- 停電

明亮的燈光是家庭運上升的預兆，家庭內部的問題也許將會得到解決。同時健康運也在往上提升，現在開始慢跑或上健身房，有機會可以養成習慣。燈光忽然消失則暗示會增加一個煩惱的種子。

電視

例如……
- 電視故障
- 別人推薦某個電視節目
- 記錯想看的節目的播放時間

可能會被陰險狡詐的人欺騙。即使聽到「好康」的消息，也要避免當下直接做出決定。工作上的職位或喜歡的異性可能會被別人搶走。因為一個人實在應付不來，應該要找值得信賴的人商量。

電腦

例如……
- 電腦故障
- 差不多要買新電腦了
- 電腦發生系統異常

對工作方式發出的警訊。繼續這樣下去，在公私兩方面都會迎來不好的結局。電池異常代表「休息」、硬碟容量爆炸代表「減少工作量」，購買新電腦則代表「轉職」能改善情況。

預定 行程

例如……
- 同時安排了兩個行程
- 行程臨時取消
- 事情沒有按照預定計畫進行

如果有某一方失約，這是上天想告訴你：「現在見面也不會有結果，只會讓彼此變得不幸而已。」譬如說，當簡報或會議的時間無法配合時，代表你可能需要針對工作本身重新進行評估。

【十四畫】

圖書館

例如……
- 有事要去圖書館
- 發現圖書館的借書證
- 用餐的咖啡廳有附設圖書館

可能會獲得很棒的靈感。提出在知識與玩心之間取得平衡的優秀企畫。發表你自己的意見或想法，也許會讓身邊的人讚不絕口。集中力也會提高，自己又增加一個亮眼的成績。

夢

例如……
- 有人告訴你他夢到的內容
- 禮物收到關於夢的書
- 夢見令人印象深刻的夢

對夢的印象或透過解夢得知的吉凶會與現實連結。如果夢的印象很好或代表吉兆，與內容有關的好運可能會發生在現實生活。但無論內容如何，都要小心別在吃早餐之前談論夢境，否則將會招來不幸。

實驗

例如……
- 被迫參加街頭實驗
- 收看科學節目
- 聽到有趣的實驗內容

對待配偶、情人或心儀對象的方式發生變化的預兆，像是喜歡的類型變了，或是變得能夠接受原本無法原諒的事。也可能會經歷不曾體驗過的悸動。

摸 觸碰

例如……
- 被別人觸碰到身體
- 輕拍別人的肩膀
- 觸碰稀有的物品

在意摸到的東西是鼓舞旁人的前兆，也許會安慰並鼓勵垂頭喪氣的後輩或失戀心碎的朋友。反之，被他人觸碰暗示即使自己遭逢打擊，也會靠著某個人的支持繼續前進。

敲擊 毆打

例如……
- 看到有人被打
- 夢到打人／被打的夢
- 設計成拳頭形狀的物品

可能會因為表現出稚氣或膚淺的一面而意志消沉。因為重視對方才會出現這種情感，不需要用太在意。容易因為罪惡感而變得多愁善感。繼續責怪自己的話，甚至會開始怪罪其他人，應適可而止。

歌曲

例如……
- 聽到喜歡的歌
- 有人邀你去唱卡拉OK
- 參加合唱比賽

你會有機會讓身邊的人了解自己優點，請積極參加職場的餐會或聯誼活動，認識的人愈多，代表會有愈多人喜歡上你，模仿善於表現自己的人會有驚人的效果。

熊

例如……
- 收到泰迪熊
- 遇到熊／作了遇到熊的夢
- 得知有熊出沒的消息

假日可以好好放鬆或一覺好眠，是獲得安穩生活的好機會。由於得到正面答覆的機率很高，在關鍵時刻不妨大膽進攻。此外，也暗示會出現強大的友軍，取得援助後大幅躍進。

睡眠 睡覺

例如……
- 很難入睡
- 打瞌睡
- 聽到有人在說夢話

膽小卻步的預兆。可能明明感情穩定發展，卻想要確認對方的心意，或是沒來由地對未來感到絕望。一旦陷入負面思考的漩渦，現實也會連帶受到影響。不要無視正面的要素。

綠色

例如……
- 看見綠色頭髮的人
- 和充滿綠意的地方很有緣
- 出現綠咖哩

綠色是為身心靈保持健康的顏色，尤其暗示精神上的壓力會得到釋放，也許會擺脫來自外界的重擔，或是安排高級的行程。宜多接觸大自然，從事登山或水上活動等等。

網際 網路

例如……
- 遲遲連不上網路
- 網路突然斷線
- 網路合約到期

請把網路異常想成是對運氣發出的警訊。即使愛情陷入僵局或工作被暫時打斷，也應該要樂觀地認為是迴避了一個更大的麻煩。這也是上天在對你說：「你應該有其他的事情要做吧？」

綿羊

例如……
- 有人請吃羊肉
- 摸到活生生的羊
- 得到羊毛製品

所有事情都會順利進行的預兆。尤其會在金錢方面有所收穫，可能有額外的收入或收到高價物品。心情變輕鬆以後，對待其他人的態度也會比較溫柔，這種正能量會一直延續下去，帶來好的影響。

舞台 劇場

例如……
- 收到觀賞戲劇或音樂會的邀請
- 路過大型劇場前面
- 收到公演的傳單

有充滿紳士風度的男性陪伴左右，或是與魅力十足的異性親密接觸等，享受「成熟的戀愛」。同時也暗示性慾高漲。如果有喜歡的演員，模仿對方飾演的角色可以提升好感度。

蜘蛛

例如……
- 早上在家裡發現蜘蛛網
- 看見蜘蛛
- 蜘蛛造型的飾品

臨時有其他進帳的前兆，也代表戀情會開花結果。或許會遇到生活富裕的異性，也可能是另外一半飛黃騰達。不過，如果對蜘蛛網印象深刻，可能會陷入複雜的情況而走投無路。

蜜蜂

例如……
- 蜜蜂從眼前飛過
- 看見蜜蜂的卡通人物
- 發現蜂巢

帶來「繁榮」的暗示。尤其會有很好的工作運，職位獲得提升，或是大型企畫案取得成功。金錢也會以加薪等方式等比例地進到口袋。因為會發展出其他才能，也有可能開始經營副業或獨立創業。

遠離 離開

例如……
- 被帶到別的地方
- 不同樓層
- 座位分散各處

仔細注意要離開的人是誰，可能會和對方在更進一步的意義上分隔兩地。也許是為了調職或轉學而搬家，或是前往國外留學。用「今天是最後一次見面」的心情相處才不會後悔。

銀・銀色

例如……
- 擦亮銀飾
- 使用銀製餐具
- 搭乘朋友的銀色汽車

可能會發生療癒心靈的事情，憎恨、嫉妒等負面情緒被淨化根除，也許還會遇到讓你從失戀中重新振作的契機。配戴銀飾有助於找到新的邂逅。

銀杏

例如……
- 要去的目的地有銀杏樹
- 銀杏葉落在頭髮上
- 出現有銀杏入菜的料理

傳說很久很久以前，世界曾經發生過一場大洪水，人們紛紛爬上銀杏樹求生，善人獲救，罪人卻從樹上摔了下去。也就是說，在意銀杏樹是為罪惡感所苦的預兆，也許找個人傾訴可以讓自己獲得解脫。

銀河

例如……
- 牛郎和織女成為討論話題
- 有人邀你七夕一起去觀星
- 銀河出現在歌詞裡

最近或許有機會將說不出口的真心話一吐為快，對方可能是以前的朋友、對自己照顧有加的恩師或初戀對象。無論收到什麼樣的回答，應該都能讓你心服口服。

障礙・牆壁

例如……
- 走進高牆令人印象深刻的建築物
- 柏林圍牆或萬里長城成為討論的話題

佇立在眼前的高牆就跟字面上的意思一樣代表會出現阻礙，可能會在生意或愛情上遇到來攪局的人或競爭對手，如果正面進攻難以突破，採取迂迴戰術或其他途徑也是一種選擇。

領帶

例如……
- 禮物收到領帶
- 幫別人繫領帶
- 發現少見的花紋或顏色

暗示你在社會上的立場或地位將會有所提升，或許會擁有很高的職位或較好的待遇。另外，在興趣或志工服務方面的成果可能會受到表揚，甚至可能因為被刊登在報章雜誌上而變得小有名氣。

鼻子

例如……
- 鼻炎或花粉症忽然發作
- 覺得鼻子很冷
- 看見鼻子很有特色的人

情緒激動的預兆。可能會遇到因為被人侮辱或瞧不起而想要大聲反駁的局面。但與其在意對方，不如把目光投向周圍的其他人，讓自己冷靜下來。現在用成熟的態度應對，將會讓自己的好感度瞬間提升。

【十五畫】

噴嚏

例如……
- 打噴嚏打不停
- 看見動物在打噴嚏
- 聽到很大的噴嚏聲

連打兩個噴嚏代表好預兆，可以採取行動，提出醞釀已久的計畫或約會邀請。但一個或三個噴嚏會招來不幸，容易捲入紛爭，應採取折衷保守的判斷。

墳墓

例如……
- 不在行程安排內的掃墓
- 祭拜祖先以外的墳墓
- 聽見跟古墳有關的話題

可能會與昔日舊友或曾經喜歡過的對象重逢，因為回想起當時的心情而感受到一股暖意。如果收到同學會的邀請，請一定要參加，可能會發現自己在平常沒注意到的地方有所成長。

廚房

例如……
- 考慮重新整修廚房
- 在廚房找到遺失物
- 看到廚房清潔特輯

渾身散發出「被愛的氣場」，人緣來到人生的巔峰，在同性或異性之間都非常受歡迎，尤其可能在烹飪教室遇到理想的對象。如果正在和另一半鬧彆扭，親手為對方下廚有助於修復感情。

廣播

例如……
- 接收到其他訊號，瞬間變成另外一個頻道
- 在計程車上收聽廣播

仔細聆聽廣播的內容，裡面藏著擺脫困境的線索。尤其歌曲和廣告的訊息性強而有力，如果正在播放描述失戀的歌，代表與工作相比，現在更應該珍惜和情人或心儀對象相處的時光。

影子

例如……
- 不經意地盯著自己的影子
- 樹影看起來像妖怪一樣
- 看到有人在表演影子戲法

代表你會開始對某個特定的對象感到恐懼，他在人前和你面前的形象似乎有很大的落差，不用勉強，保持距離才是上策。也可能是暗示你會做出對不起對方的事。

摩托車 機車

例如……
- 機車飛快通過
- 禮物收到機車模型
- 看到機車賽車的影片

自由度大幅提高。工作或讀書告一段落，有更多時間做自己想做的事。脫離僵硬死板的階級關係或情人的束縛，發現「最像自己的一面」。

摩羯座

例如……
- 收到摩羯座友人的聯繫
- 在十二月底～一月底有很多行程
- 認識很多摩羯座的人

暗示長久以來默默耕耘的事情終於得到眾人的認同。也許這份成就並沒有特別突出，但卻是讓許多人扎穩基礎的偉大功績。可能還會找到新的目標。一步一腳印其實是最快的捷徑。

撲克牌

例如……
- 用少見的方式贏牌
- 撲克牌折到／破損
- 觀賞撲克牌魔術

顯眼的牌會告訴你，你現在正受到哪種好運的眷顧。紅心代表戀愛，黑桃代表工作或讀書，方塊代表金錢，梅花則暗示和友情有關的運氣。現在正是耕耘該領域的時機。

暴走

例如……
- 吃得比平常還多
- 跑過頭
- 說出傷人的話

暗示你會在人生的迷宮裡迷失方向，失去工作以及生活上的目標。現在不能像無頭蒼蠅一樣橫衝直撞，而是應該先停下腳步，只要換個角度俯看風景，就可以畫出新的地圖。

暴風雨

例如……
- 突然刮起暴風雨
- 在重要的日子狂風暴雨
- 風把沙子吹進眼睛

意外事件的前兆，可能會發生把環境和心情搞得一團亂的大事，但這些混亂只是一時的，當暴風雨散去之後，心情會出乎意料地輕鬆。請記得這是情況好轉的契機。

樂器

例如……
- 看到街頭表演
- 演奏樂器
- 經過樂器行

你可能會交到相處在一起總是很開心的知心好友，譬如會和在工作上認識的人發展出超越商業合作關係的深厚情誼，對方或許成為你在團體內的心靈綠洲。

熱氣球

例如……
- 有機會搭乘熱氣球
- 在圖畫裡看到熱氣球
- 看見在空中飛的熱氣球

想要逃避壓力的預兆，例如與另一半的約定或工作上的期限。不可感情用事，必須客觀判斷後再做出決定。不必要的拖延或藉口會導致情況惡化，切勿為之。只要做好覺悟，事情就會有好的結果。

**獎狀
獎盃**

例如……
- 受到表揚
- 整理家裡時發現獎狀或獎盃
- 在網路遊戲等衝上排行榜

拿下漂亮勝利的前兆，可能會用成功的簡報開發新客源，或是在官場鬥爭中取得一步領先。神奇的是，你並沒有招來嫉妒，反而是他人羨慕的眼光讓你沾沾自喜，最好趁著這股氣勢擬定下一個計畫。

盤子

例如……
- 有漂亮盤子裝飾的地方
- 偶然看見放在櫥櫃裡的盤子
- 參加活動的紀念品是盤子

價值不菲又被擦得閃閃發光的盤子是財運上升的預兆。反之，如果用完之後就被丟在那裡，或是上面有明顯的髒汙或殘缺，則是財運的危險訊號，可能會意外破財或遭逢巨大損失。

**線
繩子**

例如……
- 線打結
- 繩子鬆脫
- 有機會編織繩線

糾纏不清的繩線代表混亂的心，可能會因為不曉得該怎麼做而感到徬徨無助。反之，解開打結的繩線則暗示已經調適好心情，確認好目的之後就一鼓作氣地往前衝吧！

膝蓋

例如……
- 膝蓋瘀青或受傷
- 看見膝蓋痛的人
- 看見有人在抓膝蓋

在意膝蓋痛的人是上天在告訴你：「該休息了。」另一方面，在意抓膝蓋的人則是在提醒你不要對身邊的人過度干預。你的一片好心可能反而造成他們的困擾。

蝙蝠

例如……
- 看到蝙蝠造型的東西
- 發現在天上飛的蝙蝠
- 蝙蝠住進家裡

也許會產生嚴重的誤會，像是認為他人出自一片好心的忠告帶有敵意，或是對別有用心的甜言蜜語深信不疑。此時的你無法明辨是非，避免在這時下決定才是正確的作法。

蝴蝶

例如……
- 蝴蝶飛進房間裡
- 停在身體的某個部位
- 遇到配戴蝴蝶領結的人

脫離工作或讀書的預兆。能夠像學生時代的暑假一樣，擁有充實的個人生活。也會收到許多旅行或休閒活動的邀請。要不要乾脆把現在當成充電的時間，好好放鬆一下呢？

豬

例如……
- 經常聽到「豬」這個字
- 看見豬的卡通人物或造型物品
- 遇見養豬的人

可能會有新的邂逅，兩人之間自然形成曖昧的氣氛，只要採取行動就能順勢發展成戀愛關係，請你馬上按下手機訊息的傳送鍵吧！另外，在勝負上也會有好運相助，放手賭一把會成功奏效。

踩

例如……
- 不小心踩到東西
- 押到韻
- 踩在某個東西上

暗示被踩到的東西的運氣會下滑或發生問題。舉例來說，如果踩到某個人的照片，代表對方的話語權或體力會隨之降低。而不小心踩到錢則會導致財運一落千丈，走路時務必要注意腳下。

遮

例如……
- 把手放在火堆上取暖的人
- 用手遮擋太陽
- 看到占卜師用手遮住水晶球

此時的你會獲得被手遮覆的事物——主要是自然能量的恩惠。舉例來說，看到用手遮住太陽的人或場面，代表「會分得太陽的能量」，最近應該可以活力充沛地行動。

鄰座

例如……
- 忽然很在意
- 聽見隔壁的談話內容
- 坐著很有個性的人

令人在意的隔壁桌對話，代表著那些內容對現在的你很重要。如果他們正在誇獎某個人，代表周圍的人都對你讚不絕口；如果聽到抱怨，則是在警告你必須改進某個行為。

鞋子

例如……
- 發現鞋底磨損
- 遇見喜歡的鞋子
- 和鞋店的店長變得熟絡

情況逐漸好轉的預兆。在進入最後階段的工作或遲遲沒有進展的關係中看見一線曙光。擦亮自己的鞋子會更有機會掌握好運。如果要創造不久前根本想像不到的成果，現在正是大好時機。

鞋帶

例如……
- 鞋帶鬆了
- 鞋帶綁不好
- 換了新的鞋帶

這是上天在警告你：「做事不要不切實際。」要不要再重新檢查一次目前的計畫？繼續這樣下去，你遲早會撐不住。不要把事情想得太理想，別忘了，時間和金錢是有限的。

髮型頭髮

例如……
- 看到洗髮精的廣告
- 看見斷髮儀式
- 著迷地看著別人的頭髮

對長髮印象深刻代表最近會過得非常充實，渾身充滿幹勁，可以給自己多一點壓力。剪頭髮則暗示即將到來的變化，千篇一律的日常生活中也許會發生驚險刺激的事件。

髮夾

例如……
- 發現別人遺失的髮夾
- 覺得別人的髮夾很吸引人
- 髮夾脫落

異性關係發生變化的預兆。在意髮夾是展開新戀情的前兆；髮夾脫落暗示有人思念著你，但如果一直讓髮夾躺在地上會引來失戀的運氣，應該要馬上撿起來。

【十六畫】

戰爭

例如……
- 國外戰事的新聞報導
- 以歷史戰爭為題材的電影
- 目光停留在關於戰爭的書籍上

本能和理性似乎正在你的腦中天人交戰。不是選擇其中一方，而是要思考「該怎麼做才能保持最佳平衡」。強迫自己壓抑可能會造成反效果。

橄欖油

例如……
- 在超市看到橄欖油
- 出現用了很多橄欖油的菜色
- 被帶進橄欖油專賣店

你會覺得渾身精力充沛。歐洲自古便有在身上塗抹橄欖油避邪或提高生命力的習俗。覺得能量不足的時候，可以吃加了橄欖油的料理提升運氣。

橋

例如……
- 跟有「橋」字的人名或地名很有緣
- 在橋上佇足
- 碰到橋梁開通儀式的現場或話題

代表打破現狀的好預兆，現在正處在低潮的人會遇到重新振作的機會，之前的不順就像是騙人的一樣。就算沒有陷入低潮，也有機會增加收入來源或興趣。

橡皮擦

例如……
- 掉到地上滾走
- 把橡皮擦完全用光
- 因為擦不乾淨而生氣

用橡皮擦擦東西是被過去拖累的預兆。別把現在的自己和想忘卻忘不掉的戀情或成功經驗放在一起比較。而找橡皮擦則代表可能會在眾人面前出糗。

燒烤

例如……
- 燒烤食材
- 聞到很香的味道
- 看到正在運作的焚化爐

仔細注意被燒（烤）的東西：食物是會遇到意外好運的前兆；垃圾或紙類則暗示會有什麼從腦海中消失，雖然有可能是痛苦的回憶，但也要小心因為忘記重要的事情而遭到責罵。

燕子

例如……
- 發現燕子的鳥巢
- 聽見雛鳥的叫聲
- 燕子造型的吉祥物引發討論

幸福降臨的前兆。可能會有美好的邂逅或成功的體驗。不過，要小心破壞鳥巢或傷害燕子將會招來厄運。如果燕子在自己家築巢，代表會得到無與倫比的好運。

瓢蟲

例如……
- 從影片、照片或親眼看到瓢蟲
- 看見瓢蟲的卡通人物
- 收到瓢蟲造型的物品

暗示最近會發生讓你怦然心動的事，尤其可能是一段新的戀情，最好打扮得比平常更漂亮再出門，可望遇到從在電車上搭話開始的浪漫邂逅。

蕈類

例如……
- 發現某處長出蕈類
- 收到採野菜的邀約
- 吃到很少見的蕈類

意想不到的機會降臨的前兆，例如跟高不可攀的對象要到聯絡方式、獲得升遷機會，還可能發現解決煩惱的線索。但是要注意一點：有毒的蕈菇是遭人暗算的預兆。

螢光色

例如……
- 購買螢光筆
- 和採用螢光色時尚配件的人見面

代表即將發生改革，你也許會為了改變保守刻板的觀念和體制挺身而出，或是周遭出現這樣的動向，也可能是親近的人實現了不受戶籍拘束的「新婚姻型態」。

親吻

例如……
- 看到接吻的情侶
- 打開電視時正好在播吻戲

新戀情近了的預兆。但是表現得太積極可能白忙一場，切勿心急。而正在接吻的異性和你的新戀情或許並非毫無關係，仔細觀察對方是怎樣的人吧！

貓

例如……
- 透過畫、照片或親眼看見貓
- 聽到貓叫聲
- 野貓靠了過來

出現情敵，或是因為任性的舉動錯過戀情，讓異性對你心灰意冷的預兆，必須特別小心。小貓則代表可能會為了來自另一半或親密好友的嫉妒而不知所措。

貓頭鷹

例如……
- 在動物園或咖啡廳看見真的貓頭鷹
- 在海報上看見「不苦勞*」等「貓頭鷹」的諧音字

此時的你擁有敏銳的第六感，與其想東想西，不如相信直覺，這樣做決定會讓事情有比較好的發展。此外，你會對需要動腦的事物產生興趣，趁現在嘗試將棋、西洋棋等益智遊戲，也許會一試成主顧。

*貓頭鷹日文為「ふくろう」(fukurou)。

遲到

例如……
- 自己或對方遲到
- 參加講座或活動時遲到
- 夢見遲到的夢

仔細注意遲到的場合，這暗示了你這段時間的生活重心：約會代表戀愛，職場或學校代表生活週期會以工作或讀書為重。別忘了保持最低程度的平衡。

遺失物

例如……
- 撿到錢包
- 撿到貴重物品
- 歸還遺失物

不同的遺失物有不同的涵義：錢包代表財運；女性化的可愛飾品或包包則是戀愛運上升的徵兆。無論掉的是什麼，「讓遺失物物歸原主」的行為才是好運降臨的關鍵。

錢

例如……
• 有機會看見成捆的鈔票
• 撿到錢包、有人遺失錢包
• 掉錢

看到大筆錢財代表可能會愛上高不可攀的對象或懷抱遠大的志向；小錢代表可以自然地用謙虛的態度待人；而掉錢或是撞見別人掉錢，則是上天在警告你：「現在千萬不要衝動，應該低調行事。」

錢包

例如……
• 在賣錢包的地方停下腳步
• 錢包的拉鍊或裝飾壞了
• 撿到別人的錢包

錢包的狀態分別暗示不同的意思：如果看到的錢包破舊不堪，或是被發票塞得鼓鼓的，代表會增加不必要的支出；乾淨整潔的錢包暗示財運上升，會遇到賺錢的機會。

隧道

例如……
• 遇到隧道崩塌
• 在隧道裡被攔下來
• 在隧道裡遇到地震

發生大問題的前兆。可能會發生在即將交往或結婚前大吵一架，或是在截稿日前夕遇到突發狀況等，讓人覺得「眼前一片黑暗」的狀況。不過，隧道一定會有出口。現在最重要的是不要回頭，筆直前進。

頭

例如……
• 被稱讚「頭腦很好」
• 在玩遊戲等場合用到頭
• 踢足球時用頭錘進球

這是充滿幹勁的預兆。即將迎接決勝時刻，宜果斷採取行動，改變髮型或配戴新買的髮飾可以進一步強化勝負運。

龍捲風

例如……
• 在意漩渦狀的圖案
• 眼前出現龍捲風
• 名字裡有「tornado」的商品

小心被捲入意外的麻煩。如果目前的情況非常糟糕，請你反向思考，把它當成一個機會。某件出乎預料的事會打破束縛或迷信的桎梏，讓你重獲自由。

龍（西方）
龍（東方）

例如……
• 看到龍形物品或有「龍」的名字
• 出現在夢或創作當中
• 看見形狀像龍的雲

運氣忽然竄升，事情有突破性發展的前兆。可能會發生在四周被團團包圍，動彈不得時，天空中突然出現一條小路般的起死回生大逆轉。切記不要早早放棄，努力堅持到最後一刻的人才能獲得好運。

【十七畫】

嬰兒

例如……
• 在電車上和嬰兒四目相接
• 許久不見的朋友「有喜了」
• 在嬰兒用品店前面停下腳步

即將開啟人生的新篇章，可能會發生意想不到的轉機，例如遇到其他公司的挖角或宛如電影般的邂逅。不過，聽見嚎啕大哭的嬰兒則是計畫受挫的徵兆，建議先暫時停下腳步，重整態勢吧！

擦肩而過的路人

例如……
- 在夢裡擦肩而過的人
- 在陌生的地方遇到的路人
- 在十字路口遇到的路人

仔細觀察對方的言行，並記下讓你在意的內容，你最近可能會有相同的煩惱。比方說，如果和煩惱將來出路的學生擦肩而過，代表你也在為了未來操心。可能會發生換工作或獨立創業的契機。

檜

例如……
- 和有「檜」字的人或地點很有緣
- 收到檜木製品
- 用檜木桶泡澡

不需要為了工作效率降低或提不起勁來感到慌張，因為檜木也是跨越逆境的預兆。即使集中力渙散，也會靠意志力度過難關；即使因危機而驚慌失措，也不會逃跑，而是全力應戰。

瞪

例如……
- 覺得有人在瞪著自己
- 不自覺地露出凶狠的表情
- 海報裡的模特兒眼神犀利

這是在警告你「邪惡的氣息正在蔓延」。你最近是不是遇到很多不幸的小事，像是上司的心情欠佳或電車停駛？建議可以使用入浴劑驅除厄運，讓身體和運氣都煥然一新。

聲音

例如……
- 與聲音很有特色的人說話
- 覺得自己的聲音很有穿透力
- 聽到令人懷念的聲音

在意某個特定對象的聲音，代表「珍惜與對方的關係便會一切順利」。如果有所疑惑，不妨打開天窗說亮話。要是覺得小孩的聲音聽起來很舒服，則是想到新點子或發展出新關係的吉兆。

臀部

例如……
- 和穿著強調臀部曲線的人碰面
- 在做提臀運動時看到別人的屁股

渾厚飽滿的臀部代表吉兆，會有偏財運和更好的生活品質，像是用便宜的價格買到高級公寓，或是抽獎抽到家電用品；反之，乾癟的屁股則是會有意外支出的預兆。

鴿子

例如……
- 鴿子在眼前振翅高飛
- 被鴿子的叫聲吵醒
- 在約會時看見鴿子

不用說也知道，鴿子象徵愛與和平。可能會與心儀對象有進一步的發展，或是險惡的氣氛得到改善。比起走旁門左道，不如採取一般的方法。此外，在約會時看到白色的鴿子是求婚的時機就快來臨的預兆。

【十八畫】

檸檬

例如……
- 收到有檸檬香味的物品
- 有人招待檸檬做的甜點或料理
- 忽然想起檸檬的香氣或滋味

愛情圓滿的預兆。可能會因為發生某件事，瞬間縮短你和心儀對象之間的距離。據說檸檬是會實現戀情的水果，只要和對方一起吃，就能讓關係變得更加甜蜜。搭配砂糖或蜂蜜的效果會更好。

瀑布

例如……
- 在旅行時發現瀑布
- 認識名字裡有「瀧」的人
- 水從水龍頭噴了出來

事情可能會忽然有很大的進展，停滯已久的問題急轉直下，迅速獲得解決，也可能會臨時調職或閃婚。花時間做決定會造成損失，切記要速戰速決。

禮物

例如……
- 收到禮物
- 送別人禮物
- 負責挑禮物

如果是收禮的一方，暗示你的想法或成果會讓周圍大吃一驚，並且贏得他人的尊敬。若是送禮的一方，則是在警告你過度依賴某個人、事、物。要是沒有掌握好距離，有可能會惹禍上身。

穢物髒汙

例如……
- 在路上看到穢物
- 和其他人討論穢物的話題
- 摸到或踩到穢物

不可思議的是，這其實是錢包變得圓潤飽滿的預兆。俗話說「打掃會帶來財運」，也是因為會接觸到髒汙。另外也有可能是美感提升的預兆，可能會對不曾挑戰過的妝容、時裝或抗老產品產生興趣。

翹腳

例如……
- 在考試或開會時翹腳
- 搭乘大眾運輸時翹腳
- 在上位者面前翹腳

如果沒有被其他人糾正，代表大好機會即將降臨，尤其會有很好的財運，可能會靠投資或賭博獲利，或是發現可以輕鬆上手的副業。而如果翹腳被別人提醒，則代表最近的收穫會歸零。

藍色

例如……
- 偶然看著藍天出神
- 有一台藍色的車從旁邊經過
- 沿路都沒有遇到紅燈

代表無限的可能性，這是來自上天的聲援，如果正在為某件事情猶豫不決，放手一搏會有好的結果。另外也暗示一切將歸於平靜，過於激動的情緒或事態可能會沉澱下來。

藍色時刻

例如……
- 親眼看見藍色時刻
- 透過畫、照片或影片看到
- 聽到關於藍色時刻的話題

藍色時刻（blue moment）是一種自然現象，只能在日落後的短暫片刻才得以見得。被渲染成一片深藍的景象象徵心靈的淨化。可能會發現自己的疑慮只是一場誤會。環境漸漸歸於平靜。

蟲

例如……
- 有蟲朝你迎面而來
- 發現蟲的屍體
- 出現一大堆蟲

可能會發覺某件事情繼續下去也沒有意義，像是「不管再怎麼愛對方也無法結婚」，或是「繼續做這份工作也沒有好處」等等的想法出現。可以想成是需要長期規畫的預兆。

轉學轉職

例如……
- 和轉學生變成好朋友
- 人際關係因為轉職發生變化
- 夢見自己轉學的夢

暗示會在出乎意料的地方發揮以前從來沒注意到的才能，像是在烹飪教室發掘出說話聊天的才能。不需要拘泥於目前待著的地方，也許你在其他單位或不同行業也能夠大顯身手。

轉車

例如……
- 順利轉車
- 沒有事先確認時刻表，卻在非常完美的時間點抵達

轉車過程順利代表事情的發展一帆風順，正在進行的事情維持現有步調就好，想要錦上添花反而會弄巧成拙。除此之外，這也代表你準備前往的目的地會有好運降臨。

醫生

例如……
- 常去的醫院換了醫生
- 在聯誼活動認識醫生
- 有人介紹醫術高明的醫生給你

代表之後會變得愈來愈忙的預兆。辛苦的工作會持續一陣子，請務必做好健康管理，最好多攝取增加體力的食物。如果醫生給人溫柔體貼的印象，則代表會遇到很好的商量對象。

醫藥品藥

例如……
- 印象深刻的藥品廣告
- 身邊有人正在養病，每天都要吃很多藥

可能會遭遇困難。不要一個人默默藏在心裡，和身邊的人商量，蒐集愈多意見，問題愈容易獲得解決。不需覺得「會造成別人的困擾」或「會被取笑」，要意識到這件事必須借助其他人的力量。

醫院

例如……
- 聞到消毒水的味道
- 恰巧看到醫院
- 搭乘的車子停在醫院門口

代表你需要檢查自己的健康狀態，宜接受身體或心理的健康檢查以及早發現問題，即使沒問題也會得到值得一聽的資訊，也可能和保健食品很有緣。

雙子座

例如……
- 收到雙子座友人的聯繫
- 在五月底～六月底有很多行程
- 認識很多雙子座的人

代表溝通順利的預兆。從網路或社群網站上獲得的資訊會突破世代的隔閡，讓所有人留下好印象或炒熱氣氛。此外，也暗示會有難得的體驗或發現稀有的物品，可以在累積經驗的同時樂在其中。

雙胞胎

例如……
- 看見人或動物的雙胞胎
- 發現蔬菜或水果的連體嬰
- 看見兩個長得一模一樣的人

可能會發現嚴重的失誤，如果剛用一大筆錢簽約或消費，可能有需要重新確認的地方。例如無條件退貨的鑑賞期等等，能用的東西就要善加利用。正準備花大錢的人應該要因此感到慶幸並立刻重新檢查。

雙親

例如……
- 父母打電話來
- 收到父母寄來的包裹
- 見到別人的父母

可能會出現給予強大支持或溫柔撫慰你的人，但是過度依賴對方會阻礙你的成長，最好意識到你們之間其實是「互助合作的關係」，對方將會成為你的好友兼好對手。

雙魚座

例如……
- 收到雙魚座友人的聯繫
- 在二月底～三月底有很多行程
- 認識很多雙魚座的人

現在的你忘記要對初次見面的人保持戒心，因為無條件相信他人，好感度會因此大幅提升。此外，此時也容易變得多愁善感，其實對方很欣賞你，要對自己有信心。

第2章／預兆關鍵字事典～解讀訊息的線索～

雜誌

例如……
- 目光停在擺放在書店的雜誌
- 朋友帶了雜誌來
- 搭電車時隔壁的人在看雜誌

發生令人失望的事情的前兆，也可能反映了你很想逃避現實的心情。如果你對自己目前的情況感到痛心，就不應該轉移目光，鼓起勇氣面對，情況便會有所改變。

鯊魚

例如……
- 在電視上看到鯊魚
- 看見鯊魚造型的吉祥物或衣服上有鯊魚圖案的人

被上級責罵的預兆。尤其如果對鯊魚的尖牙留下深刻印象，很有可能是你的言行出了問題。對方的話並非出自惡意，而是希望你能有所成長，不需要太過沮喪。只要修正自己的態度，很快就會歸於平靜。

【十九畫】

攀登

例如……
- 看見別人爬上高處
- 請別人拉自己一把
- 認識興趣是登山的人

代表會提升一個層級，可能會從朋友變成情人，或是把興趣變成副業。也可能會發生讓你想往上爬的契機，可以和同事交換情報，或積極參加和上司或客戶的飯局。

藝術品繪畫

例如……
- 得到美術館的門票
- 在百貨公司看到藝術品展售會
- 介紹繪畫的電視節目

讓你讚不絕口的藝術品是能力提升的預兆，可以做出正確判斷或提出創新構想；如果看不懂其中的奧妙，代表容易表現不純熟，要比平常做更多準備；色彩鮮豔的藝術品代表源源不絕的生命力。

辭典

例如……
- 漫無目的地翻開辭典
- 辭典修訂的事情掀起話題
- 忽然急需用到辭典

暗示你即將踏入未知的領域。雖然既期待又怕受傷害，但你已經準備好迎接挑戰。此外，可能會有「第一次」的體驗。興奮期待的心情會持續一段時間。

鏡子

例如……
- 鏡子該換了
- 注意道路反射鏡
- 發現很壯觀的鏡子

鏡中空無一物暗示你對自己的想法不甚明瞭，先整理思緒，想想自己真正想做的是什麼。如果鏡子裡有東西，代表那是引你掌握好運的鑰匙；如果映照出女性的身影，可以試著模仿對方的妝容或髮型。

霧

例如……
- 出門時，外面起了大霧
- 看見雲海
- 讓人印象深刻的電影場景中有霧

此刻的你正舉棋不定。如果是伸手不見五指的濃霧，應避免做出決定。反之，如果是雲霧散去、重見天日的樣子，則代表事情正在往好的方向發展。無論是哪一種，都應該要先確認好目的地。

鬍子

例如……
- 看到下巴的鬍子很突出的人
- 看見蓄著白鬍鬚的老爺爺
- 鬍子讓人印象深刻的卡通人物

下巴的鬍子是可以積極進行的吉兆，如果因為提不起勁而把某件事情擱在一旁，現在是開始動手的大好時機。白鬍子暗示你會吸收豐富的知識，適合開始「用功讀書」準備考證照等等。

鯨魚

例如……
- 擱淺的鯨魚
- 看到鯨魚的畫
- 看到和鯨魚有關的新聞

鯨魚象徵母親。最近也許會因為某件事而表現出撒嬌或依賴他人的一面。也可能會面臨必須獨立的情況，開始自己煮飯或一個人在外面住。此外，身邊的成員可能會出現變化。

【二十畫】

寶石

例如……
- 禮物收到貨真價實的寶石
- 被帶到珠寶店、透過網購挑選珠寶

收到寶石是被甜言蜜語誘惑的預兆，須保持警戒。如果是自行配戴寶石，鑽石象徵「永恆的愛」，紅寶石象徵「熱情」，祖母綠象徵「治癒」，而珍珠則象徵會獲得「幸福的家庭」。

懸崖

例如……
- 電影或電視劇裡出現懸崖
- 到以懸崖聞名的地方旅遊
- 像站在懸崖邊一樣走投無路

可能會面臨「不是一，就是零」的終極抉擇，模稜兩可的態度是行不通的，判斷必須要果斷。但如果是攀岩等給人正面印象的懸崖，則代表會收到令人期待的約會邀請。

蘆筍

例如……
- 在食譜上看到蘆筍
- 保健節目出現蘆筍特輯
- 在超市買到最後一包蘆筍

心儀對象可能對自己產生好感。古羅馬著名博物學家老普林尼（Pliny the Elder）說，煮過蘆筍的湯汁可以用來製作愛情靈藥。如果在電視上或街上看到蘆筍，請不要猶豫，煮來吃就對了。

蘋果

例如……
- 有人招待蘋果做的甜點或料理
- 一直吃到蘋果口味的東西
- 收到蘋果

此時的你渾身散發「被愛的氣場」。蘋果是愛情女神阿芙蘿黛蒂的象徵，傳說果實裡裝著美貌和魅力。同性和異性都會對你深深著迷，也可能會產生跟美容有關的某種堅持。

警員警察

例如……
- 遇到道路臨檢
- 看到正在巡邏的警察
- 遭到盤問

暗示你會因為某個契機，想起以前說過的謊、做過的壞事，感覺良心備受苛責。如果沒有，則代表會出現願意在你追求異性時出手相助，或是在客戶面前為你美言幾句的可靠友軍。

警笛 警報

例如……
- 警笛聲愈來愈近
- 聽見一個以上的警笛聲
- 警笛聲停止的瞬間

這是在提醒你凡事都要多加小心，救護車代表疾病或衝突，消防車代表爭執或散財，警車則代表進行中的事。請不要忽視令人憂心的問題點，盡早處理才能夠避免嚴重的不幸。

警車

例如……
- 聽見警車的警笛聲
- 看見警車
- 觀看警察的紀錄片

暗示從被動變成主動，也就是會出人頭地或獨立創業的預兆。也可能會在工作之外的團體內擔任統合眾人的角色。一開始留下好印象才能守住職位。時時提醒自己不要用高壓專制的方式帶人。

麵包

例如……
- 麵包剛出爐
- 附近開了麵包店
- 移動式麵包店來到附近

代表你的四周充滿了「愛的幸福能量」。好運首先會降臨在你身上，讓你和喜歡的人開始交往。接著，身邊的朋友或兄弟姊妹也會有結婚或懷孕等好事發生。

【二十一畫】

蠟燭

例如……
- 收到薰香蠟燭
- 在教會之類的地方看到燭光搖曳的景象

對閃爍的美麗燭光印象深刻，代表最近可能會有讓心靈獲得洗滌的體驗；蠟燭在燃燒時噴出火花，暗示可能會有客人臨時來訪；被擱置不管，直到火熄滅的蠟燭則是凶兆，應該要馬上收拾乾淨。

護士 護理師

例如……
- 在電視劇或電影出現護理師
- 認識身為護理師的朋友
- 在廣告或海報上看到護理師

內心感到疲憊不堪，或是快要被壓力擊垮，覺得活著度過每一天是如此艱難。不過，也可能會遇到對自己真誠以待的人。不用害羞，只要你願意發出求救訊號，對方一定會樂於伸出援手。

【二十二畫】

聽眾 觀眾

例如……
- 在群眾面前發表演說
- 欣賞音樂會
- 聆聽街頭演說

也許會發生溝通不良的情況。容易遇到部下表現出反抗的態度或是被上司無視的情況。一八〇度改變表現的方式有助於改善情況。如果關係很鬆散，營造有點緊張的氣氛會有很好的效果。

【二十三畫】

變身

例如……
- 看見小孩扮裝在玩扮家家酒
- 有人說你看起來不一樣了
- 常去的店重新裝潢

身邊的人可能會發生改變。也許是熟人因為工作異動或搬家而前往遠方，或是你展現出前所未見的才能，踏上另一個舞台。能夠在全新的環境大放異彩。

【二十四畫】

讓水滿出來

例如……
- 浴缸的水滿出來
- 用鍋子煮東西發生撲鍋
- 忘記關水龍頭

囤積在心中的淚水即將潰堤。一直說不出口的恐懼或後悔，也許會有人願意讓你一吐為快。不需要有所顧慮，即使是在別人面前也沒關係，大聲哭出來吧！身邊的人和運氣都會慢慢站到你這邊。

靈車

例如……
- 靈車從眼前經過
- 聽到看見靈車的話題
- 遇到正要出發的靈車

處不來或厭惡的對象會從你眼前消失的預兆。也許是因為人事異動換成比較好的同事，或是麻煩的鄰居終於搬家等等，讓你感到安心的時刻即將到來。腳步像是褪去枷鎖一樣變得輕盈無比。

鹽

例如……
- 吃到很鹹的料理
- 發現用來趨吉避凶的三角形鹽堆
- 桌上的鹽罐剛好空了

積極向前的徵兆，也許能擺脫痛苦的回憶或久久無法釋懷的過往。在意裝鹽的容器是財運上升的吉兆，可能會有意外的收入，或是職場的職位有所提升。

【二十五畫】

觀葉植物

例如……
- 擺了很多觀葉植物的咖啡廳
- 在花店看到觀葉植物
- 發現觀葉植物快要枯死了

生意盎然的觀葉植物是家庭圓滿的預兆。看到枯萎的植物則暗示家庭運勢會走下坡。只要把家裡徹底打掃乾淨，或是與家人保持密切聯繫，下滑的運勢便能起死回生。

【二十七畫】

鑰匙

例如……
- 弄丟鑰匙
- 撿到他人遺失的鑰匙
- 有人把鑰匙交給你

暗示你最近會獲得有關人生的重要資訊，最好向婚顧公司或財務顧問等專家尋求意見，應該能夠找到理想的對象或最佳的貸款方案。不過，弄丟鑰匙則是祕密曝光的預兆。

鑽石塵

例如……
- 看見鑽石塵（從電視上看到等亦可）
- 冰晶造型的物品

鑽石塵是被視為「看到就會帶來好運」的幸運物之一。會發生開心的事，並且讓身邊的人也感到很幸福。如果正在等待考試、試鏡等某件事情的「結果」，有望收到好消息。

鱷魚

例如……
- 收到知名品牌Crocodile的皮夾等鱷魚皮製品的禮物
- 和食用鱷魚很有緣

暗示你會因為太心急而白忙一場。與其說是比平常更難做出成果，不如說是更容易察覺到「不順」的情況。心情容易感到疲乏，用一整天的時間好好放空，會大幅提高做事效率。

第2章／預兆關鍵字事典～解讀訊息的線索～

【數字】

一

例如……
- 認識獨生子女
- 得到剩下的最後一件
- 拿到第一名

可能會開始進行某件事。渾身精力充沛，能夠在一開局就全力衝刺。此外，會遇到可以重新認識自身「基礎」的契機，這才是你最大的賣點。

二

例如……
- 認識在家排行老二的人
- 看見二人組
- 被分配到輔佐的職位

暗示事情的發展可能會兩極化以及迷惘、別離。反之，也代表光與影、水與油等性質完全相反的東西會合而為一。如果有兩個人在職場上水火不容，最後他們不是一起離職，就是會握手言和。

三

例如……
- 認識在家排行老三的人
- 看見三人組
- 看到金字塔型的結構

可能會閃現某個突發奇想的創新想法。用自己的方法處理工作或興趣將會留下好成績。此外，言行舉止變得較為男性化，比較容易抓住好運。擁有比平常更好的行動力和決斷力。

四

例如……
- 認識在家排行老四的人
- 很在意第四棒打者
- 參加四對四的聯誼活動

也許能度過安穩平靜的時光。不會有太嚴重的失敗。愛情和工作都會穩定發展，但要是忽略最基本的事情將會嘗到苦頭。切記比起特別優異的表現，減少犯錯反而能贏得好評。

五

例如……
- 認識在家排行老五的人
- 成為背號5號的選手的粉絲
- 看見五芒星的符號（☆）

可能會對從前不曾關心過的事物產生興趣，和俳句、詩或落語等高文化水準的興趣結緣。隨著交友圈的擴展以及知識的增加，社交能力也自然而然地有所提升。

六

例如……
- 包含數字「六」的日期、年分
- 順序排在第六位
- 看見六芒星的符號（✿）

六象徵調和。你身上充滿曾經出現在亞當和夏娃的樂園裡，能夠讓不同事物合而為一的能量，可能會和以前敬而遠之的類型變成情侶或朋友，知曉深刻的愛與愛的喜悅。

七

例如……
- 收到七味唐辛子
- 看見有七種顏色的彩虹
- 看到七福神

獲得宛如神助的好運。一見鍾情的對象也對你一見鍾情，這樣的奇蹟正在等著你來體驗。但別忘了這個機會同時也伴隨著風險。要是太過得意忘形，最後可能會空手而歸。

例如……
- 認識名字有八個字的人
- 想起八天前發生的事
- 八個人一起出遊

以為已經結束的事情死灰復燃的預兆。像是中途喊卡的企畫獲得認同，或是和分手的對象重新複合。雖然被過去束縛並不是一件好事，但過去藏著掌握幸運的鑰匙也是不爭的事實。

例如……
- 看到形狀像「9」的雲
- 編號中有「九」的國道、縣道
- 受邀打棒球或看棒球比賽

能夠做出充滿勇氣的行為或決定。無論發生什麼事，你都可以相信上天會助你一臂之力。現在的你強悍地不可思議，面對任何危機都能夠披荊斬棘。也有可能會成為眾所期待的希望之星。

例如……
- 免費得到某件物品
- 收到零熱量的食品
- 看見橢圓形

過去或祕密會變成被關注的焦點。如果被追究某件令你內疚的事，千萬不可以找藉口，免得降低身價。○同時也是掌管生死的數字，也許有機會見證某件事物的誕生或終結。

重複的
數字

例如……
- 發票上的金額都是同一個數字
- 看見車牌號碼的四個數字都一樣的車

重複的數字會增幅數字本身的特性。每個數字所代表的預兆請參考個別的說明。此外，也要仔細注意看到數字的地方，例如電子鐘、塗鴉或車站等等，總和所有要素再進行判斷。

【 星期 】

星期一

例如……
- 行程都集中在星期一
- 星期一彈性放假
- 星期一是紀念日

你會目睹充滿愛的一幕,可能會和家人或部門同事等「自己人」發生一段戲劇性的插曲。現在並不適合提出新企畫或學習新才藝,比起積極採取行動,面對自己的內心才會有好的結果。

星期二

例如……
- 星期二有重要的行程
- 迷上每星期二播出的電視劇
- 在星期二的限時特賣撿到便宜

積極的行動會改善運勢,與其動腦不如先動手。談生意、考試或面試等「競爭」最好安排在星期二,這樣應該很快就會有結果,方便你計畫下一步。

星期三

例如……
- 行程都擠在星期三
- 在星期三收到許多聯繫
- 星期三的電視特別節目停播

可能會展開一段富有智慧的談話,社交能力有飛躍性的成長。如果有事情需要交涉,最好好好把握這個機會。容易吸收知識,尤其在英文方面會有很大的進步。

星期四

例如……
- 認識星期四出生的人
- 某個節日落在星期四
- 星期四有重要的行程

暗示會發生命運般的邂逅。掌握愛情或成就的成功故事即將揭開序幕。此外,此時比較容易想出驚為天人的點子,感覺就像是身體擅自想要往更高的境界前進。

星期五

例如……
- 星期五有事出門
- 星期五休假
- 星期五發生很多開心的事

代表旺盛的愛情運,容易有好的結果,可以約心儀的對象出去吃飯,或是和情人享受甜蜜的約會時光。在熱鬧的地方會有好運降臨,宜參加派對或前往最近很熱門的約會勝地。

星期六

例如……
- 迷上每星期六播出的電視節目
- 會固定發生某件事
- 在文章或台詞中看見星期六

集中精神處理家事會比較容易有所成就,也許可以從掃地、洗衣等家務當中找到樂趣。一天就好,要不要試著暫時忘記工作或情人呢?也許你反而會因此意識到工作的價值或對情人的感謝,重拾「熱情」。

星期日

例如……
- 節日和星期日重疊
- 星期日有重要的行程
- 認識星期天出生的人

即將有巨大的好運降臨。渴望遇到命中注定的對象或天職。此外,藉著耶穌復活帶來的好運,今天很適合開始做某件事。在動腦之前先動手,幸福便會滾滾而至。

十二星座
容易獲得重要預兆的時刻

根據占星術的觀點，每個人都有屬於自己的「守護靈」（daemon），也就是從你的星座開始算起的第十一個星座，當該星座的力量比較強的時候，我們會獲得比較好的預兆。其實每個星座容易收到預兆的時間點都不盡相同，只要解讀本專欄所介紹不同時機所獲得的預兆，一定會有好運降臨！

♈ 牡羊座　3.21 » 4.19

為所欲為的時候

重要的啟示會在你感受到「自由」的瞬間從天而降，來自情人、朋友或常識的束縛將會減弱你的第六感，搭上幸運螺旋的條件是「做自己」。

♉ 金牛座　4.20 » 5.20

和親密的人相處的時候

金牛座擁有在十二星座當中最容易獲得預兆的體質，尤其和重要的人待在一起更容易察覺；但感覺到孤獨會讓第六感變遲鈍，請不要盲目相信這時的預兆。

♊ 雙子座　5.21 » 6.21

發生變化的時候

仔細注意置身新環境或購物時所獲得的預兆，有機會收到指引你未來方向的建言。總是墨守成規、不尋求突破會很容易錯失預兆，要記得挑戰和預兆是會同時發生的。

♋ 巨蟹座　6.22 » 7.22

接觸高級事物的時候

頂級物品或體驗的附近隱藏著重要的訊息，特別是在富麗堂皇的空間裡得到的預兆，很有可能是切中核心的答案。不過，要是在身上配戴便宜貨，會降低獲得預兆的機率。

♌ 獅子座 7.23»8.22

進行研究的時候

獅子座是會在汲取資訊的同時察覺重要預兆的類型,尤其容易在瀏覽社群網站或網路新聞時,突然強烈地感受到什麼。另一方面,維持特定的行為模式可能會讓第六感變遲鈍。

♎ 天秤座 9.23»10.23

引人注目的時候

千萬別錯過當你正在玩樂或受到矚目時所出現的預兆,裡面也許藏著讓你茅塞頓開的建議。成天宅在家裡也不會找到掌握好運的線索,不妨積極到各種場合露臉吧!

♐ 射手座 11.23»12.21

被祝福包圍的時候

仔細注意婚禮或派對等熱鬧的場合,裡面到處都是代表重要訊息的預兆,尤其特別容易替二選一的煩惱找到答案。偏頗的想法會害你錯失預兆,請放寬自己的視野。

♒ 水瓶座 1.20»2.18

出遠門的時候

旅行途中的發現或偶發事件都有重要涵義,最近熱衷的事物周圍也藏著線索。就近察覺不到的事情到了遠方卻變得異常敏銳,因此發現重要的訊息。

♍ 處女座 8.23»9.22

待在舒適的地方的時候

仔細注意發生在家裡或職場等「舒適圈」的偶然,你會找到能為你指引人生方向的啟示。待在不熟悉的地方可能比較難得到重要訊息。保持內心平靜會更容易獲得預兆。

♏ 天蠍座 10.24»11.22

正在默默耕耘的時候

腳踏實地地努力,對你有幫助的預兆就會像獎勵一樣從天而降,鑽研某件事情的時候也會比較容易獲得預兆,而不負責任的態度會讓你錯失重大啟示,請務必小心。

♑ 摩羯座 12.22»1.19

有所隱瞞的時候

重要的訊息很有可能藏在「祕密」附近,與關係必須保密的對象相處,或暗中進行某件事時出現的預兆也可能會左右你的人生;出現在公共場合的預兆則不容易被察覺。

♓ 雙魚座 2.19»3.20

忍耐的時候

忍耐時看見的風景藏著帶來好運的線索,請你找找看,在不斷加班的某一天所發生的偶然是什麼意思?這個答案應該能讓你掌握改善情況的契機。但是過著墮落的生活會削弱你的第六感。

第  章

人為預兆
Artificial Sign

~主動尋求的預兆~

用地占術為具體的
煩惱尋求解答

　　我們在前面說明了世界上的各種偶然所傳遞的訊息（自然預兆），而正如我在序章所述，也有可以主動尋求偶然的方法（人為預兆），那就是各位熟知的「占卜」。

　　古人之所以尋求人為預兆，是因為他們想要在符合需求的時間點收到天啟。

　　你是否也有想要馬上得到答案或建議的煩惱呢？接下來我要介紹一個人也能輕輕鬆鬆尋求預兆的「geomancy」。

　　「geomancy」這個字由「geo」（大地）和「mancy」（占卜）兩個字根組成，直譯成中文是「地占術」，這種占卜手法源自於西元九世紀左右的阿拉伯半島，隨著伊斯蘭教的傳播被帶到世界各地，並在文藝復興時期的歐洲大為流行。

　　地占術就像是西洋版的《易經》：用棒子點在地上，將偶然獲得的數字解釋成神的旨意。隨著時代的演進，人們也開始改用紙、筆進行占卜。

　　詳細的作法請參考〈地占術教學〉（P134～）。

具體的煩惱諸如「要繼續交往還是提出分手呢？」、
「A公司和B公司同時向我招手，我應該選擇哪一邊？」對於
這些問題，我們都能透過地占術取得最直接的神諭。

　　舉例來說，如果占卜的結果是「道路」（Via），第一個
問題代表分手後（新的道路）能迎來好運，第二個問題代表
應該重視公司未來的發展性。

　　你的煩惱是什麼呢？

　　趕快來尋找為你指點迷津的答案吧！

地占術教學
How to Geomantic Fortune Telling

1 準備紙和筆

　　請準備筆和任何一種「白紙」，例如：手帳、筆記本等等。平板電腦或桌上型電腦也行，只要是能打點的東西都可以！

2 決定要占卜的事情，心無旁騖地打點

　　首先，在心裡想著想要占卜的事，像是「我被某個人告白了，可是不知道要不要和他交往」等等。接著把腦袋放空，在紙上往水平方向打點，打幾個點都沒關係，請重複四次這個步驟。

```
｜｜｜｜｜｜｜      ← 7（奇數）
｜｜｜｜｜｜｜｜｜    ← 9（奇數）
｜｜｜｜｜｜        ← 6（偶數）
｜｜｜｜｜｜｜｜      ← 8（偶數）
```

3 把打出來的點轉換成地占術的卦象

　　數數看每一排有幾個點，奇數就畫一個●，偶數就畫兩個●。把四個答案由上而下依序排列，排出來的形狀（卦象）就是你的占卜結果。右圖的卦象代表「小幸運」（Fortuna minor）。

4 確認卦象對應的占卜結果！

請參考對應的說明。以步驟2的圖例來看，卦象是「小幸運」，暗示會擁有平穩的幸福，不會發生令人後悔的事。

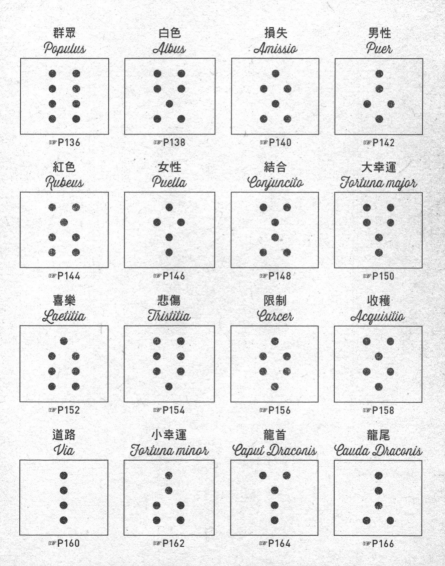

群眾 *Populus*	白色 *Albus*	損失 *Amissio*	男性 *Puer*
☞P136	☞P138	☞P140	☞P142

紅色 *Rubeus*	女性 *Puella*	結合 *Conjuncito*	大幸運 *Fortuna major*
☞P144	☞P146	☞P148	☞P150

喜樂 *Laetitia*	悲傷 *Tristitia*	限制 *Carcer*	收穫 *Acquisitio*
☞P152	☞P154	☞P156	☞P158

道路 *Via*	小幸運 *Fortuna minor*	龍首 *Caput Draconis*	龍尾 *Cauda Draconis*
☞P160	☞P162	☞P164	☞P166

群眾
Populus

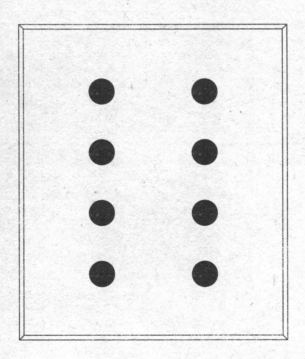

答案就在
人群聚集之處

愛情運

適合熱鬧的氣氛，
會度過一段愉快的時光

比起透過朋友介紹或相親等「一對一」的模式，更有可能在公司舉辦的派對或街頭聯誼等大型活動上遇到理想的對象。不要斤斤計較個人評價或外在條件，應該根據直覺來挑選對象。如果有心儀的人選，不妨先從團體交流開始，在團體當中，你的魅力會特別突出，可能會在如遊樂園一樣的場所拉近彼此的距離或重新愛上對方。

金錢運

吉凶分明，
仔細觀察運勢的走向

是會大獲豐收？還是慘賠一波？一切但看勝負前的運勢決定。舉例來說，獲得意外之財代表「大贏」，可以一口氣大膽進攻；忘記帶錢包或沒搶到特價品則代表「大輸」，最好少碰投資或賭博會比較安全。此外，把錢花在其他活動或休閒娛樂上，也有可能會得到意想不到的回報。

工作運

暗示生意興隆，
廣度比深度更重要

代表工作運極佳，即將遇到在公司內外大顯身手的好機會。不過，請你先把太獨特的創意封印起來，大眾取向的企畫或商品才是致勝的關鍵，只要頻繁瀏覽社群網站或網路新聞，應該就能了解普羅大眾追求的「有趣」是什麼。另外，要小心一時衝動可能會害你喪失信用，比平常更注意用字遣詞才能避免釀成大禍。

人際關係

容易被周圍影響，
仔細尋找成長的「養分」

無論好壞都很容易受到他人的影響。和只會抱怨、對什麼都不滿意的人相處，會讓自己的幹勁和周圍的評價像溜滑梯一樣一落千丈。你可以試著製造機會和值得尊敬的上司或積極進取的同事促膝長談，過去原本難以理解的知識或想法，現在也許會深深打中你的心。另外，有望獲得意外的升遷機會或充滿吸引力的轉職資訊。

白色
Albus

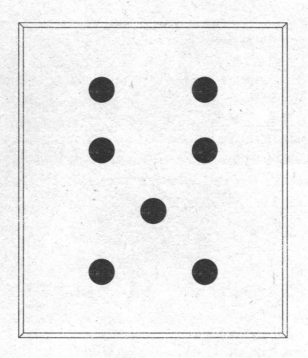

讓純白的
未來沁染你的色彩

愛情運

用最真實的樣貌
吸引純潔的戀慕

純淨無瑕的心情彷彿初戀般，可能會遇到比較晚熟的異性，也暗示你會和至今不曾交往過的類型產生緣分。別耍小心機，用自己最真實的一面一決勝負，才能在戀愛中感受「逐漸染上對方色彩」的樂趣。但是已經有另一半的人要小心誘惑，可能會有散發出不同魅力的異性對你示好。

工作運

回歸初衷才能夠
順利前進

只要回歸原點，就可以度過危機。如果因為陷入低潮或是簡報、交期提前而備感壓力，不妨試著回想菜鳥時代的心情，不需要在意繁文縟節或社會責任，「初生之犢不畏虎」的態度反而能帶來好成績。另外，可能還會有其他公司對你提出邀請，但現在似乎不是好時機。

金錢運

就算沒有想著錢，
財富也會主動靠近

財運正在往好的方向前進。提升金錢運的祕訣在於不要成天想著「賺錢」或「增加財富」，為了獎金考核對長官阿諛奉承也只是徒勞而已。不如試著把「為了某個人」或成就感當成動力，全心全意地投入工作，這樣也許就能提高獎金、被以更好的條件挖角或得到加薪。

人際關係

比起交情深厚的舊識，
應該要把新朋友擺在第一

容易發展「新的關係」，可以和最近認識的異性拉近距離，或是積極和新客戶交流互動，這麼做會為你的將來帶來龐大利益。為此，建議你透過才藝班或同好會擴展自己的交友圈，多認識新朋友，運氣也會隨之提升，這是獲得有用的情報、結交知心好友的好機會。

損失
Amissio

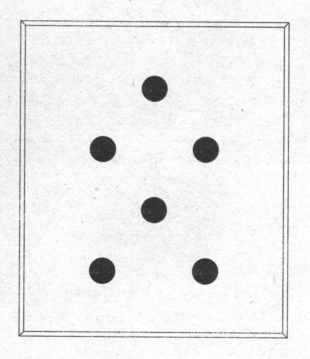

失去後才會發現
幸運的所在

愛情運

分手之後仍會有新的
幸福來敲門

代表失戀的預兆，請先不要答應對方的約會邀請或告白。你們的關係可能會暫時變得疏遠，這是上天在問你：「即使看到對方不好的一面，你還是想跟他／她在一起嗎？」已經有交往對象的人也有可能會和對方分手，若是最後決定分開，請直接把充滿回憶的愛情紀念物處理乾淨，因為這也是「下一個會更好」的預兆。

金錢運

金錢容易從手中溜走，
價值觀似乎會得到啟發

代表財運下滑的預兆，可能會增加無謂的開銷，記得看緊荷包。此外，還可能因為業務員的花言巧語，或是用年收入挑選對象的風氣，因而對「金錢」這種價值觀產生疑問或心生厭惡；但換個方式思考，這樣反而更能體會無價的經驗和人際關係的可貴之處。放假時積極外出應該可以不受財務狀況的影響，度過一段充實的時光。

工作運

災難從天而降，
等待機會發起反攻

代表挫折會接二連三出現的預兆，也許遇到企畫夭折、老客戶退出合作等種種考驗，不過不用想得太嚴重，雖然乍看之下都是壞事，但如果從長遠的眼光來看，這些其實會帶來好的影響。只要活用失敗的經驗重新計畫，或是用心維護與新客戶之間的關係，一定就能取得更好的成就。

人際關係

身邊的人事發生大風吹，
再怎麼動搖也會習慣

人際關係會大洗牌，可靠的上司異動到其他部門、部下提出辭呈、家人或情人被調派到其他分公司……。等你下個月再環顧四周，也許已經人事已非、物換星移。這時你可能會憎恨命運的安排，但請試著回想，在一年前或十年前，身邊的人跟現在一樣嗎？無論在什麼時候，都會有人成為你的夥伴。

男性
Puer

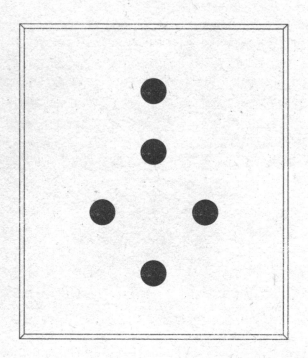

回想起宛如少年般的
天真無邪

愛情運

運氣會成為你的助力，
必須積極爭取機會

現在的你在異性眼中別具魅力，可是一味地等待不會讓事情有任何進展，此刻是大膽表現自己的時機，重點在於「熱情」。試著在傳訊息時加上愛心符號或身體接觸，露骨的表現會有絕佳的效果，應該很快就會收到對方的約會邀請。已經有另一半的人也一樣，「肉食系」的行為是維繫感情的關鍵。

工作運

對職場的不滿已經……
千萬不要一時衝動

你會發現自己對薪水或工作環境心存不滿，在比較過去的經驗和其他公司以後，你可能會對上司發發牢騷，或是考慮直接跳槽。但是不理智的行為會讓你的運氣一落千丈。先冷靜下來，想想自己有哪些條件，如果成就感和人際關係都沒辦法使你回心轉意，那就乾脆離職吧！不過，一定要先做好詳細的功課。

金錢運

增加財富的關鍵是重新檢討
你的生活模式

當結婚、老年生活等人生規畫掀起話題，你開始擔心自己的收入和存款，但是不要一時衝動就投資不動產或購買保險，一定要先和專家仔細討論過再做決定。另外，請確認自己是否有多餘的開銷，像是忙到沒時間去的健身房會費或手機費率等等，趁現在重新調整，一年後能存到的錢就會大不相同。

人際關係

先改變自己，
身邊的人自然也會跟著改變

你可能會變得神經質，身邊的人不按照你的意思行動讓你非常焦躁，因為你追求的是「團隊的成功」。請把這些能量從其他人身上抽離，轉而用在自己身上，參加講座或補習班應該能大幅提升你的能力。要記得，與其直接叫其他人做事，不如「用行動表示」會更有效果。

紅色
Rubeus

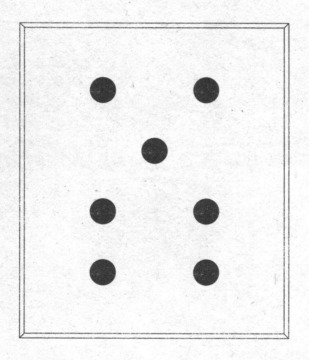

代表競爭意識的「紅色」
會召喚奇蹟

愛情運

展開出乎預料的戀情，
適合採取開放的態度

事情可能有意想不到的發展，像是才剛覺得氣氛不錯，對方卻忽然和別人交往，而以為高不可攀的對象卻向你表白……。如果最後是不好的結果，也許是你的心意沒有傳達給對方。成就戀情的關鍵在於拉攏身邊的人，實話實說會讓你獲得強大的援軍。外遇或劈腿則很容易露出馬腳，請特別注意。

工作運

容易遇到驚喜，
但是好是壞說不定

暗示立場上下顛倒，像是能夠獲利的專案被搶走了主導權，或是一直瞧不起的同事卻成了你的上司，但同時也暗示可能會得到超越實力的工作或職位。接踵而來的意外可能會讓你累積許多壓力，但是千萬不要獨自默默承受，不滿和抱怨現在擁有拉近距離的正面效果，盡量依賴身邊的人吧！

金錢運

不要固執己見，
紅色物品會帶來好運

小心愈是執著，財運就愈會離你而去。不要當小氣的「鐵公雞」，例如在分攤費用時錙銖必較或是讓後輩出錢。謊報年收入或存款也很容易穿幫。此外，拿著紅色錢包或手提包的人會帶來好運，記得對方可能會請你吃飯或告訴你能賺錢的有用資訊。

人際關係

彼此間有意想不到的關聯性，
請隨時保持備戰狀態

祕密可能會曝光，從意想不到的地方洩漏出去，找藉口搪塞或惱羞成怒只會火上澆油，如果可以用真摯的態度進行說明，應該就不至於釀成大禍。另外，可能會得到意外的人脈，像是在下班後遇到有工作來往的對象，或是在工作中邂逅夢中情人。機會會在你意想不到的時候從天而降，記得時時保持「不怕被任何人看到」的打扮和言行。

女性
Puella

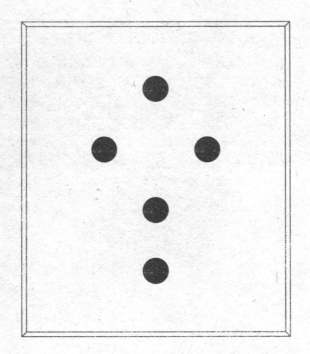

像少女一樣懷抱純真
無瑕的夢

愛情運

暗示美好的戀情！
用嶄新的自己一決勝負

此時的你會依照自己的眞實感受挑選對象，應該可以無視對方的外在條件或評價，享受一段彷彿回到青春時代的戀愛。會和在出社會之前遇到的人締結良緣，請珍惜同學會或偶然的重逢。另外，你會開始重視美容保養，大膽改變形象會讓魅力大幅提升。對已經有配偶的人來說，這是獲得子嗣的預兆。

工作運

此刻比起現實面的問題，
更適合高談夢想與理想

傾向於重視預算、獎金或工作時間等「看得見的數字」，但是把目光放在將來的發展性或動機等「看不見的事物」上，才能夠把握當下的好運乘勝追擊；即使沒有馬上顯現出成果，也要珍惜自己充滿夢想的創意。另外，周圍對你的評價會影響結果，在離開前多說一句：「明天也要一起加油喔！」會有很好的加分效果。

金錢運

現在做得到的自我投資是在
幫助未來的自己

要是被眼前的利益蒙蔽雙眼，最後反而會吃上大虧。趁現在爲將來「播種」，之後會種出巨大的財富。與其努力縮衣節食，不如盡量花錢投資自己，應該趕快報名證照補習班或講座。此外，現在也是決定爲了追尋夢想換工作或創業的好時機，試著描繪理想中的「十年後的自己」是什麼模樣吧！

人際關係

不易掀起波瀾，
能夠發現他人的長處

平靜安穩的氣氛會維持一段時間，僵硬的關係會逐漸修復。不要刻意反抗，順勢而爲才是相處融洽的祕訣。另外，你可能會更容易注意別人的優點，請養成把負面特質轉換成優點的習慣，例如「很吵→很有精神」、「自我中心→勇於堅持己見」等等，這麼做會大幅提升你的存在感。

結合
Conjuncito

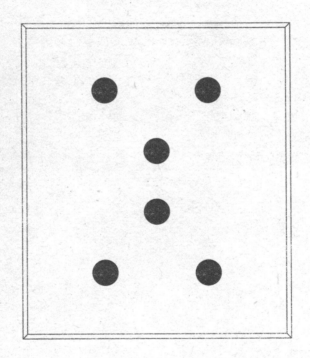

混合不同的東西會
發生化學變化

愛情運

最真實的一面
才會給人好印象

　　邂逅異性的可能性大幅提高，無論是在職場還是私底下，隨時都要做好萬全準備。如果有心上人，這是情況好轉的徵兆，也許你們會從朋友變成情人，或是曖昧對象有了結婚的念頭。不順利的時候可以試著展現不曾讓對方看過的一面，例如「外表看起來乾乾淨淨，私下很邋遢」，這種意外的地方很容易成為對方眼中的魅力之處。

金錢運

推翻過去的自己是
通往成功的捷徑

　　改變看事情的觀點就會找到招來財運的線索，像是「不是增加收入，而是減少支出」、「買房子不是為了自己住，而是為了賣掉賺錢」等等，顛覆過去的想法才會有好的結果。可以借助專家的力量，與財務顧問仔細討論，記得這是把握機會賺大錢的好時機。

工作運

幸運的關鍵在
勇於嘗試

　　接觸過去毫無交集的事物會為你帶來好運的加持，任何一種新環境都代表吉兆，例如就職、轉職、部署異動或新客戶等等，要不要鼓起勇氣替自己換個環境呢？工作上傾向墨守成規，但嘗試和以往不同的方法會得到好的結果。另外也需要對休息的方式進行改革，用午休或助眠APP等時下流行的工具提高效率，成果就會有很大的進步。

人際關係

接受不同會改變
周圍的目光

　　會從文化差異或代溝中得到很棒的啟發，如果與年紀相差甚遠的上司商量煩惱，對方會提供一針見血的建議。另外，請試著結交外國人或異性朋友，現在的你能夠在交流時拋開成見，盡情吸收各式各樣的價值觀，讓周圍對你的評價完全改觀，也許會因此收到許多私下邀約，或是在工作上被委以重任。

大幸運
Fortuna major

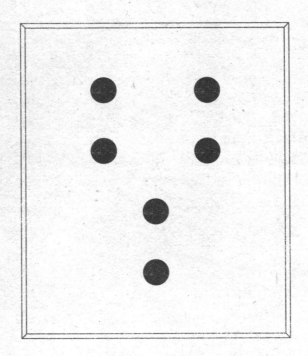

令人難以置信的
天大好運

愛情運

愛情運大爆發！
請試著追求更高的目標

　　踏在大幸運的浪潮上乘風破浪的你，無論做什麼都會一帆風順，可以積極參加認識對象的場合，向心儀的對象展現自己；被要聯絡方式或收到告白的機率很高，因此也可以被動等待別人的邀請，就算是擁有完美條件的對象也會有很大的機會，這就像是遊戲中「不打白不打」的獎勵關卡，此時成就的戀情會迎接幸福美滿的結局。

工作運

遇到空前絕後的好機會，
有望出人頭地或升遷

　　此時容易做出肉眼可見的成果，盡量發表意見或創意，發言的積極度會讓你收到的評價水漲船高；也有可能是以前提出的企畫或說過的話，現在才受到矚目。另外，即使沒有換工作的想法，也要記得先開啟人力銀行的履歷，你所嚮往的職場可能會用很好的條件發出邀請。如果想要在更好的舞台上發光發熱，也可以考慮自行創業。

金錢運

可能會有意外的收入，
但切忌驕矜自滿

　　工作和生活上都有絕佳的運勢相助，財運同樣也一飛沖天，例如股票翻倍、中了彩券，有望獲得一筆龐大的額外收入。就算表現得跟平常一樣，也有機會增加薪水等固定收入，但是千萬別因為一時的好運而露骨地改變態度，切勿因此揮霍無度。這也是在警告你「太過樂觀將會招致失敗」。

人際關係

拓寬人脈，
形成堅不可摧的人際橋梁

　　容易拓展對自己有利的人際關係，請積極參加職場或跟客戶的餐敘，有機會認識業界的大人物等平常根本不可能遇到的人。現在結交的人脈會為你帶來新客戶或創業上的助益等龐大利益，請務必好好珍惜；既有的人際關係也會有好的發展，依靠對方可以留下好印象，並且在危急時刻獲得幫助。

喜樂
Laetitia

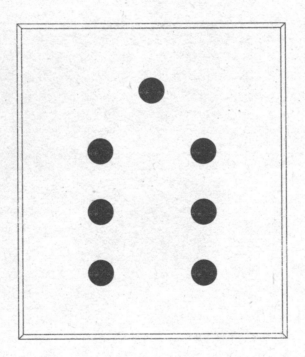

即將到來的
歡喜瞬間

愛情運

離成功只差最後一步，
雙方情投意合

　　最近會和其他人交往的預兆。對方冷淡的態度其實只是在掩飾害羞，不要覺得「沒機會」而望之卻步，繼續進攻吧！比起充滿愛意的甜言蜜語，輕鬆閒話家常反而會有更好的效果。已經有對象的人可能會步入下一階段，開始同居或結婚生活。約會可以選擇觀賞運動賽事或體驗型的休閒活動，共同分享喜悅會大幅拉近彼此的距離。

工作運

腳踏實地前進，
也會有新的挑戰

　　順利排除進度延宕等不安要素的徵兆，總之應該可以先達成眼前的目標。「我在這禮拜完成了這件工作！」這種「小成就」會提高周圍的評價和動力。另外還有可能被託付有趣的案子，要是因為計較得失而放棄，之後一定會悔不當初，因為它所帶來的「成就感」足以令你忘記花費大量時間的辛苦。

金錢運

因為好事連連
笑得合不攏嘴

　　可能會情不自禁地擺出勝利手勢，遇到獎金變多、在限時特價買到想要的商品這類令人開心的意外；同時也是存到目標金額、還清獎學金或貸款的預兆。內心有了餘裕之後，請準備禮物向身邊的人表達感謝，其他人開心的笑容會引來更強大的財運。

人際關係

於公於私都和樂融融，
營造愉快和諧的氣氛

　　周圍的態度變得溫和友善，和同事之間不經意的對話，或是和親朋好友一起度過的平凡假日，都可以讓你充飽電再出發。面對長官也可以用比較輕鬆的態度，頻繁接觸也許會釣出意外的真心話；而面對處不來的對象，則要在話中加上一點「幽默感」炒熱氣氛，這是在總是讓人猜不透的人臉上看見笑容的好機會。

悲傷
Tristitia

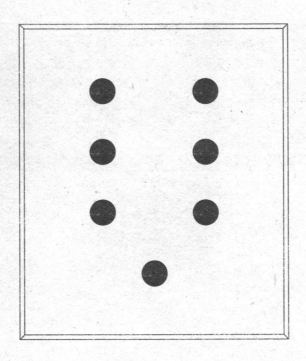

跨越悲傷之後
顯露的堅強

愛情運

精神上大受打擊，
擁有重新振作的強大意志

　　代表孑然一身的預兆，被甩或被劈腿的可能性很高，最好延後約會或告白的時機。另外，可能會因為某個契機想起和前任之間的回憶，但是並不會和對方複合，不需要沉浸在感傷之中。也有可能會發現另一半劈腿或外遇，現在最好先不要深入追究，等運勢改變之後，你會發現只是誤會一場。

工作運

考驗擋住前方去路，
別讓傷口變得更大

　　可能會遭遇種種困難，例如犯下大錯、遇到合不來的上司等等。如同拼命掙扎只會更容易沉入海底，倉促行事只會適得其反；比起挽救局面，更該先思考如何把傷害降到最低，千萬不能撒謊或找藉口，這會讓情況惡化到無法挽回。你可能會灰心地想著自己為什麼要這樣活受罪，但運氣只是一時的，這是為了讓你愈挫愈勇的挑戰。

金錢運

「嫌麻煩」
會讓你付出龐大代價

　　整體而言，財運完全不可信，可能會對一筆龐大開銷感到後悔。「準備搬家卻記錯租約到期的日子」、「因為錯過特價機票多花了冤枉錢」，這些「粗心大意」會成為致命傷，請你立刻打開手帳確認行程，一定還有哪裡藏著可以省下來的開銷。另外也有機會靠土地不動產公司挑選到很好的新房子。

人際關係

互相疑神疑鬼，
容易產生誤解

　　人與人之間變得毫無默契，安慰被當成嘲諷，誇獎卻成了輕蔑，最後會因為被其他人孤立而無以自處。與家人商量工作上的煩惱，或是和朋友討論家裡的問題等等，向屬於不同團體的人發出求救信號，比較有機會解決問題。此外，改變環境也會影響運勢，尤其搬家是最好的辦法。

限制
Carcer

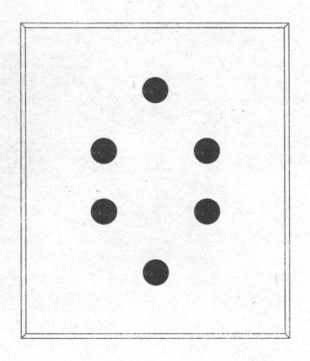

在牢獄之中
痛苦掙扎

愛情運

成為愛情的俘虜，
切忌過度依賴

　　暗示你會喜歡一個人到無法自拔，在戀愛的期間，你的眼裡只有對方。然而你們的步調似乎對不太上，想見面時偏偏特別忙，想獨處時對方卻想要找你，但是用翹班之類的方式硬擠出時間只會造成反效果；即使再忙也要傳訊息頻繁聯繫，這種拼命想兼顧愛情和工作的態度才會讓對方留下好印象。

工作運

暗示你會陷入兩難，
但不需要過度擔心

　　可能會因為兩件事無法順利配合而備感焦慮，例如當A進行得很順利時，B卻要花很多時間；但如果反過來專心顧B，A又會難有進展。不過你並不會因此受到太嚴重的苛責，勉強行事可能會賠了夫人又折兵，一件一件慢慢處理吧！另外，現在轉職或創業似乎不太安全，維持現狀才是最有利的選擇。

金錢運

小心一時的鬼迷心竅，
這些真的有需要嗎？

　　你有愛慕虛榮的傾向，或是因為收入或存款比別人低而陷入低潮；可能會為了面子購買名牌，但這只是一時的衝動，只要忍耐三天，應該就會改變心意。不和他人比較的祕訣是對工作、興趣等任何一件事情全心投入、磨練自己，一旦有了「武器」，自信便會油然而生，不會再在乎周圍的雜音。

人際關係

堅守「聽眾」的立場會讓別人
對你另眼相看

　　上司與部下之間、家人與情人之間……你可能會在各種場合被夾在中間，左右為難。認真傾聽雙方說法，只要你願意擔任銜接的橋梁，氣氛就能保持融洽。沒有一定要找出答案，比起合理的判斷，體諒對方的感受會更有效果。另外，與其拓展人脈，不如強化目前的人際關係，你們的羈絆可能會因為某件事而像鎖鏈一樣堅不可摧。

收穫
Acquisitio

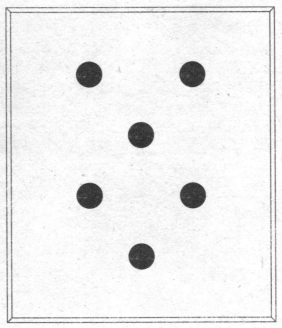

像個精明的商人一樣
增加獲利

愛情運

最好當個「肉食系」，
也有望結識名流！

有機會遇到攜手共度一生的另外一半，實現戀情或收到求婚的機率很高。但是比起被動等待，擺出主動進攻的態度更重要；現在的你化身愛情獵人，不斷對心儀的對象發動攻勢，或是對游移不定的對手用力施壓，射出一支又一支的箭逼對方就範。這時開始交往的情侶也會有很好的財運。

工作運

能力忽然覺醒，
有機會角逐最高職位

接二連三地展現成果，即使要對有點過勞的情況睜一隻眼、閉一隻眼，也應該把所有精力投入工作。作為一個社會人，現在是將知識和經驗融入身體裡的成長期，在會議上要第一個舉手發言，在讀書會要坐在第一排的搖滾曲；如果能立刻把剛學到的東西學以致用，你的動作也會變得更加靈活，也許還會順便獲得表揚等等，得到引人注目的結果。

金錢運

努力賺，用力花

在工作上容易受到肯定，因此可以期待有額外的收入，用優異的成績換來一個紅包或更多的獎金。為了建立上流階級的人脈，添購高級的手錶、錢包或參加講座等「自我投資」會讓運氣變得更旺。要是忙到沒有時間花錢的話，與其存在銀行，不如用來投資應該會有不錯的利潤。

人際關係

人脈不用深，但是要夠廣

適合發展更多會為你帶來好處的人脈，請積極參加業界的派對或讀書會，你會遇到值得參考的對象，交換的名片數量代表累積的知識與財富。另外，最好先結識理財顧問等「錢的專家」；也可能在旅行途中遇到很棒的對象。減少待在家裡的時間是通往成功的捷徑。

道路
Via

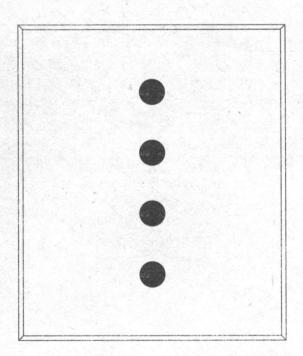

即將出現新的道路

愛情運

用「嶄新的自己」
重新展開新戀情

　　代表關係發生變化的預兆，例如對原本當成朋友的人產生情愫，或是對考慮共度將來的對象感到不安，會遇到人生的分歧點。挑選幸運之路的祕訣是讓對方看見自己「別於往常的一面」，冷漠的人可以試著撒嬌，這樣的反差會讓你們的關係有所改善。也可能會喜歡上不同類型的異性，享受全新的戀愛體驗。

工作運

根據長遠的眼光
改變路線

　　請你回頭看看現在的行進方向是否正確，也許這條路並不會抵達終點。不用受限於長久以來的「標準作法」，請重新檢討系統或工作方式，或許可以用開放式的辦公空間及彈性工時提高效率。此外，你也沒必要對現在的職場太過執著，嘗試創業或申請留職停薪出去旅行，應該就能找到目的地。

金錢運

提高生涯總收入的好時機，
應保持開闊的視野

　　你大可不必執著於單一的收入來源，不妨考慮經營網拍或投資等其他副業。或許可以發揮意想不到的才能也說不定。現在也是思考生涯規畫的好時機，婚後要繼續工作還是暫時休息？要轉換跑道還是在現在的職場待到退休？如果一直「憑感覺」走，總有一天會走進死胡同，當你決定好前進的路線，自然也會發現財富的所在之處。

人際關係

有需要追求變化，
好好梳理人際關係

　　也許你們都開始對舒適的關係感到無趣，為了打破一成不變的感覺，請你們前往「不曾一起去過」的地方吧！安排家族旅遊或公司內部的活動有助於提升運勢，你們會在彼此身上發現過去遺漏的優點。另外，現在也是和處不來的人分道揚鑣的好時機，因為不會留下任何後患，想行動就要趁現在！

小幸運
Fortuna minor

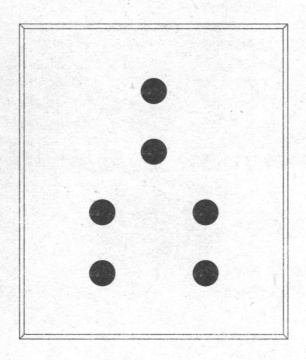

被安穩祥和的
幸福包圍

愛情運

小幸運接踵而至！
對愛情的期待逐漸膨脹

會發生很多「小確幸」，例如他沒說「喜歡」，但是誇你「可愛」；收到的不是戒指，但仍是禮物，這種讓人有點開心的事情會愈來愈多。如果想認識異性，不妨透過社群網站或交友軟體，主動「按讚」表達好感，應該會收到正面的回覆。記得在運勢的加持下，不可能會有人拒絕你。

工作運

站上理想職涯的
起跑線

其他人會對你的成長讚賞有加。發現自己的速度或品質有進步的你，工作態度會變得相當積極，請帶著這份幼小的自信往下一個階段邁進吧！可以在資料裡加入自己的分析，或是在達成目標後繼續做「加分題」，只要把動力化成實際作為，其他人就會確實地予以肯定，這是你在晉升之路的第一步。

金錢運

掌握財運和「好康」的消息！

沒有大起也沒有大落的平穩運勢，如果你正在猶豫改從事不同計薪方式的工作或投資，大可安心放手去做。另外也很容易在職場免費得到有用的資訊，像是划算的保單、聰明的貸款方案等等，線索就藏在平凡無奇的對話當中，請積極和同事一起吃午餐或參加餐敘，這樣還可以順便提高聲望，可說是一石二鳥。

人際關係

發生暖心插曲，表達真實心情

你會沉浸在小小的幸福之中，可能會收到親朋好友結婚生子的喜訊，或是職場的夥伴因為某件事情團結一心，雖然事件本身並不嚴重，卻會深深地打動人心。進一步掌握好運的關鍵是「感謝的話語」，寫信給對自己照顧有加的前輩或父母會有很好的效果，應該能加深你們之間的羈絆或增加動力。

龍首
Caput Draconis

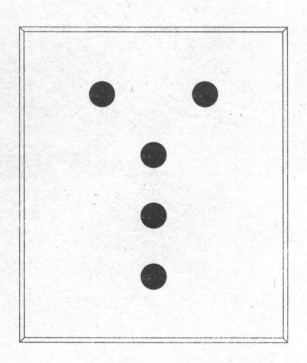

邀請你踏進
「入口」的龍頭

愛情運

新手有好運相隨，
網路上有好事發生

　　新的嘗試會招來好運，加入婚友社或相親網站會遇到好對象。對交往不久的情侶來說，這是暗示你們的感情會逐漸升溫；但對結婚多年的夫婦或論及婚嫁的情侶而言，卻代表未來前途多難，有可能是對方出軌，或是對將來沒有共識，透過網路上的匿名發問應該會得到很好的建議。

工作運

愈資深愈容易遇到瓶頸，
記得讓腳步保持輕盈

　　這是暗示一直重複一樣的工作或做事方式會讓你陷入低潮，視野因此變得狹隘，最後甚至動彈不得。試著停下手邊的工作並專注在其他事情上會有助於提升效率。現在也是轉職或創業的好時機，挑戰不曾涉獵的行業或職種會有很棒的結果。不管用什麼方法都沒關係，給自己一些不一樣的刺激，應該就能一口氣進步神速。

金錢運

勇於挑戰的精神與新的物品
是護身符

　　全新的事物會帶來好運，適合虛擬貨幣或網路銀行等新時代的投資工具，在起步時就會有好運加持，有望獲得新手運。此外，要注意破舊或髒兮兮的物品容易破壞賺錢的機會，購買新錢包或申請新的信用卡應該能讓財運大幅提升。

人際關係

現在應該優先經營
新的關係

　　你會和最近認識的新朋友發展成很好的關係，也許可以成為彼此認同、互相切磋的好夥伴。另一方面，可能會在認識很久或每天碰面的人身上看見缺點，如果受不了對方一直找你發牢騷，要不要先暫時保持距離？實際分開之後，你們一定能發現彼此的好。另外，要避免在餐敘等場合讓新、舊朋友同時出席，現在很有可能會發生衝突。

龍尾
Cauda Draconis

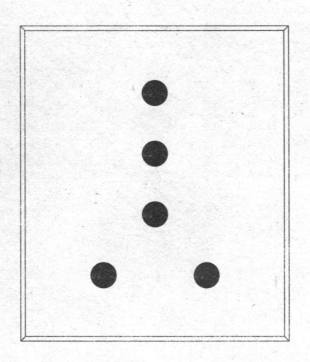

引導你走向「出口」的龍尾

愛情運

環顧四周就會找到
真命天子

你會和前任或從前認識的異性神奇重逢，但是千萬不能被舊情迷惑，始終待在你身邊的人才是你的真命天子／天女。參加街頭聯誼或請朋友介紹對象也許只會白忙一場，命中注定的人正在既有的交友圈裡面等著你發現他。已經有交往對象的人，現在差不多可以得出結論了。請專心看著對方就好，三心二意可能會留下讓你非常後悔的結果。

工作運

從壓力中得到解脫，
年長者會成為助力

目標就在眼前了！累人的工作或用心投入的專案會順利結束，化為熱銷商品或績效獎金等肉眼可見的成果。比起嘗試新事物，不如繼續做好手上的事。剛起步的工作暗示未來會遇到重重考驗，遇到問題可以向年長者求救，並在排除問題後繼續前進。

金錢運

避免不確定的事，
小心多餘的支出！

財運低迷，切勿接觸創業、副業等不曾挑戰過的領域，很有可能會損失慘重；就算真的有興趣，也要事先做好足夠的研究和準備。現在必須腳踏實地地存錢、節約，最好重新檢討平常花錢的習慣，例如提款機的手續費、不必要的網購等，只要意識到自己花了很多冤枉錢，經濟狀況應該就會有很大的變化。

人際關係

對新人覺得感冒，
向舊友尋求幫助

你可能無法和職場上的新人或朋友介紹的新朋友好好相處，不要一開始就直接一對一獨處，而是以團體行動的方式進行互動，這樣應該就能慢慢熟絡起來了。此外，聯絡許久不見的老同學或前同事，也許可以得到意外的資訊，幫助你化解與家人或情人之間的不愉快。

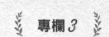

用地占術以外的方法獲得神諭!

取得人為預兆的簡單方法

　　尋求人為預兆當然還有很多其他不同的方法，星座占卜和塔羅牌是其中最具代表性的例子。這裡要介紹兩種特別「簡單」的占卜方式，如果出門在外或在時間不夠的時候猶豫不決，不妨試試看吧!

書本占卜

翻開書本就能看見未來?

　　「Bibliomancy」，直譯為「書本占卜」，或許可說是最簡便的占卜方式，只要翻開書本就可以得到「偶然的」答案。例如「這段戀情會如何發展?」、「我適合什麼樣的工作?」書本占卜會為各式各樣的煩惱給予提示。

【作法】

 選一本書

　　雖然歐洲人似乎會使用《聖經》，但基本上什麼書都行，無論是家裡的書或是在書店裡拿起的雜誌都沒問題。

 決定想占卜的事

　　想問什麼問題都可以，例如「不知道該不該換工作」等等，具體的煩惱會收到比較實際的建議。

 隨意翻開書頁

　　淨空思緒，打開書本，閱讀你翻到的那一頁。以步驟2的問題為例，如果看到「新生活特輯」或「變化的描寫」，代表下定決心換工作會有好的結果。

骰子占卜

只要擲兩次骰子就可以找到答案

骰子如何滾動取決於神的意志,這是直接取得神祕啟示的占卜方法。作法非常簡單,只要決定想占卜的事,擲兩次骰子,再把數字相加即可。請參考與數字總和對應的占卜結果。

總數是 2
暗示會有最好的結果,朝著真正想走的道路勇敢前進,不要在意周圍的聲音,整個世界都會站在你這邊。

總數是 3
最好選擇變化較大的一方,創新和意外性會帶來好運,不要被先入為主的觀點綁住,臨機應變才能獲得成功。

總數是 4
事情沒有按照期望發展,可能會被捲入非常嚴重的糾紛,宜採取謹慎的態度,現在應該要選擇比較安全的那一邊。

總數是 5
容易起衝突,雖然會拿下勝利,但也會付出相應的代價,「想要的東西」和「不想失去的東西」會展開拉鋸戰。

總數是 6
無論到哪裡都會受到「愛」的包圍,大可放心。可能會有新的戀情強化與同事、朋友的情誼以及與家人的羈絆。

總數是 7
與其理性思考,跟隨本能行動會有較好的結果,比較或妥協反而會招致混亂,也暗示「直覺」異常神準。

總數是 8
腳踏實地是獲得好運的必要條件,現在最好不要冒險,線索或許藏在年長者的意見或過去的案例之中。

總數是 9
不要一個人默默承擔,只要大方依靠別人,對方一定會伸出援手。如果不願聽取他人意見會過得很辛苦。

總數是 10
會遇到預料之外的大好機會,錯過將讓你後悔莫及。只要下定決心,一切都會非常順利。

總數是 11
雖然狀況有好有壞,但你似乎會發揮出超越實力的能力,也可能會發掘出新的才能,大膽行動就能一人獨贏。

總數是 12
束手無策,輕舉妄動會讓情況更加惡化,只能選擇從頭摸索新的道路,或是捨棄尊嚴,向他人求助。

致破解預兆，
掌握未來密碼的你

看完本書的預兆解說後，改覺如何呢？

我想這本書應該已經讓你了解到自己的身邊充滿無數預兆了吧。

就像精神分析和深層心理學將「夢境是來自內心深處的訊息」作為前提，同樣的，古時候的人也認為世界本身反映了我們的內心。

那位著名的莎士比亞曾經說過：「夢境與現實是用同一種絲線織成的布料。」

沒錯，只要稍微轉換一下想法，應該就能感覺到不會說話的物品也在對你認真傾訴。

不過，我要提醒你一件事。

這只不過是理解世界的方法之一；要是一直透過魔法眼鏡窺探世界，可能反而會因為世界太聒噪而被埋沒在預兆的噪音之中。

據說「迷信」的英文「superstition」原本是指「對眾神的虔誠信仰」，但這個具有正面意義的詞彙卻隨著時代的演變，轉化成「過於激進的信仰」以及「盲目相信一切的愚昧態度」。

在收到來自世界的訊息之後，請你先將解讀預兆用的魔法眼鏡取下，換上理性與現實的眼鏡，並以冷靜沉著的態度面對現在必須處理的問題。

理性與浪漫，同時具備這兩種視野，你一定能夠加倍享受人生，擁有多采多姿的生活。

最後，我想表達我的感謝。

本書的誕生要歸功於大木淳夫先生以及內田惠三先生的提案，繼前作《魔法教科書》之後，再次感謝兩位的提攜和關照。

而實際在製作及協助撰稿方面，則有賴說話社的山田奈緒子小姐、永瀨祥太郎先生，以及作家宮崎彩子小姐的鼎力相助，真的非常感謝。

最重要的，我還要對在某個預兆的引導下拾起本書的你致上由衷的謝意。

分類索引

鏡龍司

（かがみ・りゅうじ）

日本占星術研究家、翻譯家。1968年生於京都府；國際基督大學畢業，該大學比較文化研究所碩士課程學分修滿。英國占星術協會會員、日本超個人心理學會理事。平安女學院大學客座教授、京都文教大學客座教授。

著作有《魔法教科書：運用600種日常事物的「魔力」實現願望》、《塔羅占卜超上手圖解攻略》（PCuSER電腦人文化）與《女巫入門》（商周出版）等作品。

http://ryuji.tv/

【參考文獻】

『鏡リュウジの夢占い』（説話社）／『鏡リュウジの世界のひとり占い』（説話社）／
『運命のサインをよみとく事典』（サンマーク出版）

【注意事項】

本書所介紹之任何物件的效果與效能皆依據傳承。
作者與出版社對施術所帶來之結果不負任何責任，請讀者自行斟酌。

出　　　版／楓樹林出版事業有限公司
地　　　址／新北市板橋區信義路163巷3號10樓
郵 政 劃 撥／19907596 楓書坊文化出版社
網　　　址／www.maplebook.com.tw
電　　　話／02-2957-6096
傳　　　真／02-2957-6435
作　　　者／鏡龍司
翻　　　譯／歐兆苓
編　　　輯／周佳薇
校　　　對／周季瑩
港 澳 經 銷／泛華發行代理有限公司
定　　　價／420元
出版日期／2022年5月

國家圖書館出版品預行編目資料

預兆教科書：運用 900 個日常「預兆」
揭示未來 / 鏡龍司作；歐兆苓翻譯. --
初版. -- 新北市：楓樹林出版事業有限
公司，2022.05　面；　公分

ISBN 978-626-7108-20-8（平裝）

1. 占星術

292.22　　　　　　　　　111003251

STAFF	
插畫	くのまり
本文藝術指導	江原レン [株式会社 mashroom design]
本文設計	青山奈津美 [株式会社 mashroom design]
DTP	中井有紀子 [SOBEIGE GRAPHIC]
編集製作	山田奈緒子、永瀬翔太郎 [株式会社説話社]、宮崎彩子